为什么我们很难改变

恰到好处的沟通方式

不如扭扭 著

中国法制出版社
CHINA LEGAL PUBLISHING HOUSE

前言 PREFACE

被编辑邀请写书的时候，我还是挺忐忑的。我知道自己会写书，毕竟也写了好几年的稿子，没有一点儿出书的想法是不可能的，可是不确定是不是现在。想跟编辑说最近没有出书的打算，但犹豫的时候想到，既然编辑觉得我可以，那我肯定有可以的地方，怕什么？嗯，那就写。

看，这就是情绪 ABC 理论，引起人们产生情绪困扰的并不是外界发生的事件，而是人们对事件的看法、评价等内容。因此，要改变情绪困扰——我对写书的焦虑和犹豫，并不是要改变外界事件——婉拒写书，而是应该改变自己对现在写书的看法。

写的时候，发现写基本的概念不难，难的是挖掘日常生活中的例子和素材。我开始有意识地提醒自己觉察与人沟通中的想法和行为，并记录下来。然后发现，人与人之间的互动交流真的很有意思。

举个自己的例子，有一段时间在同一个圈子认识了两个朋友 A 和 B。朋友 A 是那种不管我说什么，都会笑一笑的个性，即使有时候我和她说话的语气不够友好，她最多也就是笑笑不说话。朋友 B 则不然，她像一面镜子，反映出我说话的内容和态度，我友好她就友好，我不友好她就不友好。我在和朋友 A 相处的过程中其实并不清楚 A 的喜好和态度，不知道她喜欢什么或者不喜欢什么。一开始还好，长久之后，我对朋友 A 还真没什么底。而在朋友 B 那边，我就能很清楚她喜欢什么或者不喜欢什么，当然我也会根据自己的意愿去调整和她说话的内容和节奏。

在观察到我自己对两人的反应和与她们不同的沟通方式之后，我下了一个判断，朋友 A 的沟通方式很吃亏，因为她很少表达自己的需求，朋友 B 的沟通方式显然会适应现在的社会。但是半年之后，朋友 A 开始慢慢向我敞开心扉，我渐渐发现，在朋友 A 和朋友 B 之间，从情感上我更愿意亲近朋友 A。这样一个心理过程让身处在其中的我觉得很有意思，同时也让我反思之前的判断，在人与人的沟通交流中真的有吃亏和不吃亏这么清晰的定义吗，又是谁在规定吃亏或者不吃亏的标准呢？

在写作过程中，难免要涉及对一些概念的阐释，然后我发现，大部分概念我都知道，但是真正要写的时候，解释得清楚明白并不容易。所以，我得不断地查资料和看书，厘清我想要说明的到底是什么，不断地澄清自己的所思所想，这是一个痛苦的，又让我觉得很有收获的过程。

终于，书还是写成了。本书主要通过沟通的几大构成要素去说明沟通是什么、人与人的沟通是怎么样的、我们可以通过哪些方式让沟通变得更加顺畅。

在日常生活中，我们选择和一部分人沟通，减少和另一部分人的沟通，所以从这个角度上说，沟通是一种选择。这种选择的前提是，我们相信沟通会让我们与别人的关系更好，可以消除某些误会，或者快速地解决某些问题，等等。而沟通中出现的种种问题正在阻扰我们的这种信任，使我们的信任范围变得越来越狭窄。本书提供了某些让我们更了解自己和别人的方式，试图清扫、扩展人与人之间的信任通道，并介绍了一些沟通的小技巧。希望阅读这本书的你，能收获一些思考和启发。

目录

CONTENTS

第一章　天下武功，唯沟通不破

第二章　增加你的沟通砝码

第三章　情绪是如何影响我们的

第五章　自我在成长

第一章

天下武功，唯沟通不破

沟通的林林总总

想象一下，你现在是一个大学生，和舍友们处得不错，常常一起逛街、看电影、撸串。星期六的晚上，躺在宿舍床上的你突然想起了某件事，在宿舍里抛出了一个问题，接着久久都没人接话，而你明明看到舍友们都在。你想起，这样的情况已经有三五次了，这个时候你的感觉怎么样?

· 同学 A：就在刚刚，我在宿舍说了一句话，没有人理我……我可能比较玻璃心吧，以后还是“自闭”点好，说话没人理的感觉就像吃了苍蝇。我不想一遍遍去证明她们就是很冷漠，决定以后少在宿舍待着，没事儿不说话。

· 同学 B：她们都在说，新的英语老师三十几岁了但是看起来很年轻，我插了一句英语老师的少女感好重，还重复了一次少女感，结果大家先都静下来，然后开始说其他事情，并没有理我，我尴尬死了。

· 同学 C：我在宿舍说话没人搭理我，这是怎么回事呢，莫名地别扭。

以上同学的经验都指向了一种感觉，那就是当你说话没人回应的时候，是一种让人难受的体验。此时会感觉自己虽然存在于这个空间，却无法被人看见。在极端的古老实验里，有些刚出生的婴儿得到了养育者的喂养和清洁，却还是死了，经研究发现，婴儿死亡的原因是养育者没有和婴儿沟通交流。没有得到沟通交流的婴儿就会死亡，可见沟通对人是一件很重要也很必要的事情，它关系到我们的身体健康。

和他人的沟通交流除了关系到我们的身体健康，还有以下三点作用：满足个体的某些社会性需要、使个体获得信息和减轻心理压力。

1. 满足个体的某些社会性需要。个体通过与他人建立联系，满足某些社会性的需要，比如交往与尊重的需要、爱的需要等。

2. 使个体获得信息。个体在孤单环境中时，信息来源很少，会产生不适应和不安全的感觉，沟通交流使个体获得对其生存与发展有意义的信息。

3. 减轻心理压力。高兴时与他人在一起可以共享快乐；痛苦时与他人在一起可以排解忧愁。

以上我们了解了沟通没得到回应的情况，那么当有人与你沟通交流，但沟通过程中一直出问题，会是怎样的情况呢？相信很多人在与他人的沟通交流中都会遇到以下问题：想要跟对方表达一个观点，却发现对方的理解南辕北辙；想要为对方办一件好事，对方却理解错了你的意思；想要与对方解除原有的隔阂，对方却拂袖而去。

既然沟通对我们的生活如此重要，我们就应掌握有效的沟通方式，当沟通出现问题时，也应知道一些化解的方法。要掌握这些，我们得先知道沟通是什么。

沟通是什么？

心理学课本里把沟通定义为信息传递和交流的过程，包括人际沟通和大众沟通。人际沟通是个体与个体之间的信息以及情感、需要、态度等心理因素的传递与交流的过程，是一种直接的沟通形式。大众沟通也称传媒沟通，是一种通过媒体（如影视、报刊、网络）中介的大众之间的信息交流过程，本书主要讨论的是人际沟通。

简单来说，人际沟通是信息和情感的传递和交流。其中的信息包括语言信息和非语言信息。比如，有个朋友跟你说“哇，你今天穿得真漂亮”，其中的语言信息是“你今天穿得真漂亮”，非语言信息则包括朋友跟你说这句话的时候所使用的语气、眼神、动作等。

语言信息和非语言信息糅合，传达出一种情感态度，包括他是怎么看待你的，怎么看待你们这段关系的，你们的关系是良好还是陌生，等等。你回馈给这个朋友的信息，也同样包括这样的情感态度。在信息和情感态度层面，相比于语言信息，人们通常更在乎沟通过程中所传递的情感态度。同样的语言信息“请你帮我拿杯水”，采用大声不耐烦的语气和温柔地看着你这两种方式，显然作为信息接收者的你感受到的是不一样的情感态度。大多数人更愿意接受第二种方式。

我的例子是，有一次，我和玩得好的一个同事说悄悄话，大概的语言信息是我开玩笑地编派她和另一个同事，结果她跟我说，英英，你怎么这么喜欢撒娇。我当时就有点蒙，想说为什么我在说你的“坏话”，你的第一反应却是我在撒娇。后来我想了想，确实我当时跟她说话的时候，用的是那种温柔的、尾音拖得很长的语调。

我们来看看，这其中发生了什么。在我看来，我给同事传达的语言信息是我在编派她。而她接收到的语言信息是我在编派她，她感受到的情感态度是我在跟她撒娇。撒娇是一种什么样的情感态度呢，我们可以感受一下，是一种我觉得和你的关系很亲近，亲近到我可以跟你示弱的感觉。显然，在我同事的感知里，我传达给她的是两种不一致的语言和情感态度，而她优先感受到的是我和她的关系很亲近，亲近到我可以跟她示弱撒娇的情感态度。

沟通中的情感

这又让我想到了生活中的一个迷思。很多的生活场景中，明明可以用一句话表明立场，但是总会有人说了五六七八句话来修饰这句话的意思，所以我之前奉行的说话原则就是尽量直接、真实。直接、真实的结果，就是我的人际关系一直处理得一般，我一直想不通为什么。但是结合人们更重视沟通过程中传递出的情感态度这一道理，就很好理解了。比如说，同样是指出你的一个问题，一个人语气非常直接甚至生硬地跟你说，你哪里出了一个什么问题；另一个人用其他人的故事作为铺垫，来委婉地说明你的问题出在哪里。想想，你更容易接受哪一种说话方式呢？当然是第二种。

我们来看看在这样的沟通中具体发生了什么，面对第一种说话方式，我们通常会觉得这个人说话非常不客气，而且自大，甚至可能觉得这个人讨厌我们，对于他的意见或者建议就容易置若罔闻，因为大部分人会想，为什么我要考虑一个讨厌我的人给我的建议。

而第二种说话方式，虽然表达的是同样的意思，但是通常更容易被接受，因为这里面有一个很细微的思维过程。哦，原来他是在说我和故事里的那个人一样，存在着这样的问题。他愿意花时间、精力和采用委婉的措辞来让我知道，我存在这样的一个问题，也在尽可能地降低对我感情上的伤害，嗯，他确实是从为我好的角度来提出建议的，不然他不需要花费那么多心思来跟我说明这样一件事。

这就是两种沟通方式在情感态度上的差别，也不难想象，当我们对其他人提出直接真实的建议时，收到的效果通常不会太好。太过直接真实的建议，通常像直接向别人抛去的一块大石头，大部分人不是不想接，而是根本接不住，勉强接的结果就是受伤。

沟通的结构

社会心理学把沟通过程分为七个要素，分别是信息源、信息、通道、信息接受者、反馈、障碍、背景。

（一）信息源

在人际沟通中，信息源是具有信息并试图沟通的个体。他确定沟通对象，选择沟通目的，开启沟通过程。在沟通前，人们一般需要一个准备阶段，个体明确需要沟通的信息，并将它们转化为信息接受者可以接受的形式，比如语言、文字、表情等。沟通的准备过程实际上是个体整理思路，对自己的身心状态明确化的过程。

（二）信息

信息是沟通者传达给他人的观念和情感。个体的感受要为他人所接受，就必须转化为各种不同的可以被他人觉察的信号。在沟通使用的各种符号系统中，最重要的是词语。词语可以是声音信号，也可以是形象符号（文字）；面对面沟通时，除有词语本身的信息外，还有反映沟通者的心理状态的信息，这些信息可以使沟通双方产生情绪的互相感染。

（三）通道

通道是沟通的信息载体。个体的感官均可接受信息，其中视听信息占的比例较大，日常的人际沟通是以视听沟通为主的沟通。

（四）信息接受者

信息接受者是沟通的另一方。个体在接受带有信息的各种音形符号后，会根据自己的已有经验把它“转译”为沟通者试图发送的信息或态度、情感。由于信息源和信息的接受者是两个不同的经验主体，所以信息源发送的信息内容，与“转译”和理解后的信息内容是有差异的。沟通的质量取决于这种差异的大小。

（五）反馈

反馈使沟通成为一个双向的相互过程。在沟通中，双方都不断把信息回送给对方。这种信息回送过程叫反馈。反馈可使发送者了解接受者所接受和理解信息的状态。

（六）障碍

人际沟通常常发生障碍。例如，信息源的信息不充分或不明确，编码不正确，信息没有正确转化为沟通信号，误用载体及沟通方式，接受者的误解，以及信息自然的增强与衰减等。此外，沟通双方的主观因素也可能造成障碍。如果彼此间缺乏共同经验，也难以沟通。

（七）背景

背景是沟通发生时的情境。它可能影响沟通的每一个因素及整个沟通过程。许多意义是由背景提供的，甚至词语意义也会随背景不同而改变。

为了更好地说明沟通过程的七个要素，我来举个例子：

我很喜欢一个男生，想要今天跟他表白。晚上的时候，我们约在一个咖啡店，氛围刚刚好，我准备表白。此时，这个沟通过程中我就是信息源，想要传达的信息和情感态度就是我喜欢他。我会在表白前准备好该怎么说，这就是沟通前的准备过程。通道就是我会用面对面说话的方式来跟他表白，信息接受者就是他。他在听我表白之后，会有一个语言的反馈，即使没有语言的反馈，也会有表情的反馈。

如果我在表白的过程当中扭扭捏捏，词不达意，他可能会一直搞不清楚我在干什么，而我可能会觉得他在装蒜，开始生气。这个时候我们的沟通过程就产生了障碍，这种障碍在这个例子里，是因传达的信息不够明确而产生。同样是表白，同样是向我喜欢的男生表白，如果是发生在朋友间玩真心话大冒险输了的情况下，整体的感觉就会很不一样，此时真心话大冒险就是背景，即沟通发生时的情境。

影响沟通效果的因素

当我们作为信息源时，影响我们沟通效果的因素主要是作为沟通主体的我们对这次沟通过程的认知是否明确且准确，包括自己当时的情绪状态、沟通对象的选择、沟通目的的确定、沟通方式的选择、沟通时采用的说辞、沟通的地点等。

当我们作为信息的接受者时，怎么解读反馈信息源的信息和情感态度是很重要的方面。

我们将会在以后的几章来详细说明以上影响沟通效果的因素。

先搞定沟通中最重要的一方——自己

在与人沟通的情境中，不管是一对一，还是一对多，我们唯一确定的是自己会参与其中。所以，如果你想要提高自己的沟通能力，搞定自己是一件重要也是首要的事情。关于自己（我），有两个最重要的概念，分别是自我概念（或称自我）和自尊，下面我们来分别介绍这两个概念。

❧ 自我概念

自我概念，是个体对自己存在状态的认知，包括一个人对自己生理状态、心理状态、人际关系及社会角色的认知。心理学家罗杰斯认为，自我概念比真实自我对个体行为及人格有更为重要的作用，因为它是个体自我知觉的体系与认识自己的方式。

美国学者詹姆斯认为，自我概念的结构有五个层面，即物质自我、心理自我、社会自我、理想自我和反思自我。物质自我是其他自我的载体，是个体如何看自己身体的层面。心理自我是个体态度、信念、价值观念及人格特征的总和，是个体如何看自己心理世界的层面。社会自我是处于社会关系、社会身份与社会资格中的自我，即个体扮演的社会角色，是自我概念的核心，社会如何看待个体（又被其意识到）的层面。理想自我是个体期待自己是怎样的人，即在其理想中，自己该是怎样的人。理想自我与现实自我的差距往往是个体行动的原因。反思自我是个体对他人和社会对自己的看法的评价，是自我概念反馈的层面。

自我概念的形成大致经历三个阶段，即从生理自我到社会自我，最后到心理自我。

生理自我：这是自我概念的原始形态，主要是个体对自己躯体的认知，包括占有感、支配感与爱护感，使个体认识到自己的存在。始于人出生的第八个月，三岁左右基本发展成熟。

社会自我：大致从人的三岁到十三四岁，社会自我处于自我的中心。

心理自我：这个阶段需要十年，大约从青春期到成年。发展到此阶段的个体能知觉和调节自己的心理活动、状态和特征，根据社会需要和自身发展调控自己的心理与行为。

由于自我概念的发展，个体逐渐脱离对成人的依赖，表现为主动和独立的特点，强调自我的价值与自我理想。特别重要的是，发展了自尊和自信心。

有一种定性测量自我概念的方式，即回答“我是谁”。这种测量简单易行，要求被试者在6~7分钟内写出15个“我是谁”的陈述句。

引导语：这些句子是为你自己而不是为别人写的，按照你思考时的先后顺序来写，不必考虑其中的重要性和逻辑关系。

我是谁？

1. ______________________________

2. ______________________________

3. ______________________________

4. ______________________________

5. ______________________________

6. ______________________________

7. ______________________________

8. ______________________________

9. ______________________________

10. ______________________________

11. ______________________________

12. ______________________________

13. ______________________________

14. ______________________________

15. ______________________________

当你知道你是谁，具备一定的自我认知后，还需要以一种整合的思维来认知自己和他人：

1. 同时拥有好品质和坏品质。检查自己的自我概念，看看自己的自我认知是否有一边倒的倾向。如果作为一个普通人，在你的自我认知中，绝大部分是好品质或坏品质中的一种，可能说明你的自我认知不够客观。

2. 有独立而独特的感觉、需要和动机。我们和他人会有不一样的感觉、需要和动机，不一定要赞同他人，但是保持尊重是没错的。

3. 对于自己和他人，具有时间上从过去到现在的整体化的感知。

自我概念的功能

（一）保持个体内在的一致性

个体怎样认识自己是关键。通过维持内在一致性，自我概念实际引导着个体行为。比如说，我觉得自己是一个很循规蹈矩的人，那么我就会让自己遵守社会上的秩序不出格，如不迟到、主动排队、不染太出挑的发色、不文身等。再比如说，我觉得自己是一个非常懂礼貌的人，那我就会在生活中尽量避免冲突，尽量去忍让对方。

（二）解释经验

某种经验对个体的意义是由其自我概念决定的。不同个体可能有相同经验，但他们对此往往有不同的解释，这可能是因为他们的自我概念不同。比如说，同样是期中考试没有考好，一个同学会想，我怎么这么差劲，复习了这么多次，还是没考好，我真是太笨了（自我概念：我很糟糕）。而另一个同学想，我这次期中考试没考好，我得回家去看看试卷上的错题是因为什么样的原因错的，如果改正了，我下次就能考好了（自我概念：我是很不错的）。

（三）决定期待

在不同情境中，个体对事物的期待，对行为的解释与自我期待，均取决于个体的自我概念。比如，你约了一个人，这个人迟到了。有一些人可能会觉得，对方是故意迟到的，他不想来见我（自我概念：我并不那么讨人喜欢）。另一些人会觉得，迟到的人可能在路上出了什么状况，所以才没能及时赶到（自我概念：我足够讨人喜欢）。

自尊

在自我概念中，有一个自我评价的部分就是自尊。自尊涉及以下几个部分：个体是否对自己有积极的态度；是否感到自己有许多值得骄傲的地方；是否感到自己是成功的和有价值的。自尊就是对自己的尊敬或欣赏，通俗地讲，自尊就是对自己是否有良好的感觉。我们中的大多数人，在生命之初都会为自己的能力而激动不已——只要想想孩子们说出第一个词或是迈出人生中的第一步时脸上的惊喜，你就会明白这一点。

在马斯洛需要层次论中，自尊是一种高级需要。自尊需要包括两方面：一是对成就、优势与自信等的欲望；二是对名誉、地位支配、赞赏的欲望。

高自尊与低自尊

假设某个沟通者的自我概念包括安静的、好辩的或自律的，他的自尊高低就取决于他如何看待这些自我概念。让我们仔细想想以下描述有什么不同：

· 自我概念：我是安静的。

低自尊者：我简直是个懦夫，所以才会说不出话来。

高自尊者：相比于自己说话，我更享受听别人说话。

· 自我概念：我是好辩的。

低自尊者：我太强势了，一定很惹人厌。

高自尊者：我在自己的信念上坚定不移。

· 自我概念：我是自律的。

低自尊者：我太小心翼翼了。

高自尊者：在开口说或动手做之前，我总会深思熟虑。

我们可以把高自尊者和低自尊者总结为，高自尊者积极乐观地看待自己，这种对自我的态度，也会反映到对他人的态度上，他也会积极乐观地看待人与人之间的关系。低自尊者消极悲观地看待自己，这种对自我的态度，也会反映到对他人的态度上，他也会消极悲观地看待人与人之间的关系。

拥有高自尊的人倾向于认为别人是好的，并且期望被他们接受；而那些不喜欢自己的人很可能认为别人也不喜欢他们。低自尊的人认为所有人都一直用批判的眼光看待他们，根本不管这种想象是否符合现实。不仅如此，他还会把这些想象的或者真实的批评当作进一步的证据，来证明自己确实是不讨人喜欢的人。

当自尊受到威胁

自尊需要的满足使人产生自信，觉得自我有价值、有力量、有地位。如果自尊遇到挫折，个体可能会感到无能与弱小，产生自卑情绪，以致丧失自信心。

当我们对自我的良好感觉被威胁的时候，比如别人给了我们压力、和别人竞争、发生冲突时，都会让我们感觉到自尊被威胁了。当然这和自尊水平是相关的，自尊水平高的人自尊比较不容易受到威胁，而那些自尊水平低的人自尊很容易受到威胁。

任何能危及人对自我的良好感觉的事物都构成了对自尊的威胁，

当我们的自尊受到威胁时，每个人都会不自觉地进行自尊调节。由于每个人感知和应对自尊受到威胁的方式不同，我们可以用以下几个变量来描述一个人应对自尊受到威胁时的调节能力：面对自尊受到威胁时的脆弱性、面对自尊受到威胁时的内部反应和利用他人调节自尊的程度。

面对自尊受到威胁时的脆弱性

一些人在面对重大的情感伤害，比如面对严重疾病或是丢掉工作时，仍能保持对自我的良好感觉。而另一些人即使发现街边的人多瞧了他一眼也会崩溃。有时候，人们在面对特定威胁时，自尊也会表现得尤其脆弱。例如，一些人能很好地应对来自同事的批评，但对父母的指责却十分敏感。

有些人即使没有别人所拥有的东西，也能毫无困难地保持对自我的良好感觉，而另一些人则觉得这种境况无法忍受。当人们实在无法忍受这种境况而觉得需要去摧毁别人所拥有的东西时，他是嫉妒的。如果人们只是觉得需要达到与别人同等的水平，他是羡慕的。嫉妒的人面对自尊威胁时，明显比羡慕的人脆弱。

面对自尊受到威胁时的内部反应

当人们经历自尊受到威胁时，会用一定的方式做出回应，以此来提升自尊水平，整个过程可能是在无意识间发生的。人们用来提升自尊水平的内部反应机制从童年时期就开始发展，在成年后趋于稳定。更具适应性的内部反应机制能在维持其他功能运行的同时灵活地修复我们的积极体验，而缺乏适应性的内部反应机制则比较脆弱，经常危及我们的其他功能与人际关系。

当面对自尊受到威胁时，缺乏适应性的内部反应包括自我吹捧和自我挫败两种类型。自我吹捧是一种巨大且不恰当的过度自信，它可以使人们免受直面自我缺陷的痛苦。自我吹捧的人通常可以被描述为自恋的人。这种类型的人倾向于把失败归为外因，变得易怒而苛刻，并且瞧不起他人。他们通常意识不到，自我吹捧虽然可以保护他们的自尊，却是以牺牲他们的人际关系为代价的。相反，自我挫败的人会走向自我贬低和受虐倾向。面对自尊受到威胁时，有些人无法想出自己的其他可取之处，这种人会经常自我阻碍和否认自己的需要。

有适应性反应的人在面对自尊受到威胁时，常会变得热衷于竞争或者远离竞争，虽然这些反应对人的基本能力几乎没什么影响，但它们可能使人走入困境或产生痛苦。面对自尊受到威胁时，最具适应性的反应是灵活采取最合适的防御方法。幽默、升华和利他能帮助人们修复对自我的良好感觉，同时能做到不伤害其他功能与人际关系。

利用他人调节自尊

所有人都渴望得到所爱之人的欣赏。没有什么比出色完成任务后听到一句“干得好”更让人高兴的了。恰当的赞赏对一个人自尊的发展很关键。然而，一些人却通过不断地向他人索求关注、表扬和认可来调节自己的自尊水平。他们拐弯抹角地谋取恭维，持续不断地要求认可，并且总是设法让自己处于众人关注的中心——他们持续地索求甚至使他们众叛亲离。这类人需要从别人那里获取自尊调节的能量。他们甚至表现出别人的存在仅仅是为了增进自己自尊的姿态，这也透露出他们缺乏共情。

采用更适应性的自尊调节策略的人能够听取他人意见，吸收消化建议，并最终做出自己的决定。就算没有别人的赞扬，他们也能从自己的成绩中体验到愉悦与骄傲，换言之，他们不需要别人的肯定，也能知道自己做得很好。

了解自己与人相处的基本策略

卡伦·霍妮在《我们内心的冲突》里指出，孩子为了应付外界，而发展出的三种策略：亲近人、对抗人和回避人。

孩子亲近人时，愿意正视自己的无助状态；虽然他也自我疏远，心有疑惧，但还是想争取他人的温情或依附于他人。只有这样，他才感到与他人一起是安全的。如果他家里的人发生争执，他就站在最强有力的一边，通过与强的一方保持一致，获得一种归属感、支撑感，这就使他感到自己不再像过去那样软弱无力、孤立无助。

当他对抗人时，他注意到了周围的敌意，于是有意识地决定反抗。他盲目地怀疑他人的感情和意图。他以自己所能想到的方式进行反抗。他要成为强者，击败别人，不但是为了自卫，也是为了报复。

当他回避人时，他既不想归属，也不想反抗，而是与人保持距离。他觉得他与别人的共同点太少，别人不理解他。他树起一个自己的世界——一个以大自然、玩具、书和梦组成的世界。

我们都见过这样的成人，他们身上突出地表现了前面所述的三种策略中的一种。但我们同时也能看到，其他两种倾向并没有完全消失。在一个主要表现为亲近人（依附和服从）的类型里，我们依然可以观察到其对抗人（攻击倾向）和回避人（超然独处）的需要。换成其他类型的人，也是如此。

从适应的角度来看，三种策略不应该相互排斥，一个人应该是既能顺从于他人，也能够气势凌人，还能够规避他人。在健康的情况下，个体可以灵活挑选合适的策略（亲近人、对抗人、回避人）来应对生活中不同的情形。在不够健康的情况下，个体只能僵化地使用一种或两种策略来应对生活。

举个自己的例子来说明，在我自己身上曾经占主导地位的策略是对抗人，对别人常常怀有敌意；其次是回避人，对独处有明显的需要；至于亲近人的策略，则几乎不用。在人际关系中的表现就是对待别人的要求或者请求，我的第一反应曾经都是“不是”“不要”“不好”，你们大概可以通过这样的态度来推测一下我当时的人际关系，就是很难和别人建立关系。而我也因为这样对人的抗拒和拒绝，损失了很多成长的机会。有好多次，我在说“不”之后都会后悔，因为我反应过来好像我也可以去尝试一下，不需要什么都拒绝。可是那个说“不”的反应，真的是下意识地脱口而出。后来我看了霍妮的书，觉得不应该放任自己对抗人的态度，需要开始练习自己亲近人的态度。我开始训练自己，在别人说话之后，我有意识地说“好的”。练习一段时间之后我发现，不仅我的人际关系开始好转，连我工作上的能力也在提高，因为无形中多了很多尝试的机会。

以上是我的例子，大家可以先判断自己的主导类型是哪一种，再分析自己最少用的策略是哪一种，然后根据自己的实际情况做练习。

自我的展现和印象管理

每个人在私底下和在公开场合下的样子是很难统一的，我们通常很少会在公众场合裸露身体、扣鼻屎、撕脚皮等，那是因为我们有一个共识，即这些行为属于隐私行为，在公共场合表露不合适。

和隐私相对应的是一个“公开的”形象，就是别人在场时，我们希望展现的样子。在大多数情况下，我们试图展现的自我，是一个得到社会承认的形象：勤勉的学生、可爱的同事、尽责的员工、忠诚的朋友等。不管我们想在别人面前树立什么样的形象，首先要谈到的概念是印象。

印象是什么

印象是个体（认知主体）头脑中有关认知客体的形象。说白了，印象就是当你想到某一个人的时候，你脑袋里展现出的一幅画面。画面中包含的信息有：对方是高的还是矮的，胖的还是瘦的，男的还是女的，穿着什么样的衣服，姿势是什么样的，五官是什么样的，表情是什么样的，为人处事又是什么样的，等等。

个体接触新的社会情境时，一般会按照以往的经验，将情境中的人或事进行归类，明确其对自己的意义，使自己的行为有明确的方向，这一过程称为印象形成。比如，想想如果要喝酒买醉，你会找哪个朋友；工作上出了问题，你会找哪个朋友寻求建议；资金上周转不开，你会找谁寻求帮助。上面的这些选择和这些人平时留给你的印象是分不开的，不同的亲人朋友对我们的功能是不一样的。

初次印象也称第一印象，是素不相识的两个人第一次见面时形成的印象。人们相互的第一印象通常在几秒内就会形成，时间很短却很重要。

印象形成过程中的几种效应

（一）首因效应与近因效应

在印象形成的过程中，信息出现的顺序对印象形成有重要影响。最初获得的信息对人的影响比后来获得的信息的影响更大，称为首因效应；最新获得的信息对人的影响比原来获得的信息的影响更大，称为近因效应。

首因效应是第一印象作用的机制。第一印象一经建立，对其后信息的组织、理解有较强的定向作用。个体对后续信息的解释往往根据第一印象来完成。一般来说，熟悉的人，特别是亲密的人之间容易出现近因效应，天天见的室友、同事容易根据最近发生的事情对人产生更深刻的印象。而不熟悉或者少见的人之间容易根据第一印象来判定彼此之间关系的走向。

（二）光环效应

人们初次相见，彼此最先做出的判断是喜欢对方与否。个体对他人最初的好恶评价极大地影响对他人的总体印象。个体对认知对象的某些品质一旦形成倾向性印象，就会带着这种倾向去评价认知对象的其他品质。最初的倾向性印象好似一个光环，使其他品质也因此笼罩类似的色彩。例如，个体对他人的外表有良好的印象，往往会对他的人格品质也倾向于给予肯定评价。这类现象叫光环效应，也称晕轮效应。

光环效应是一种以偏概全的现象，一般是在人们没有意识到的情况下发生作用的。由于它的作用，一个人的优点或缺点变成光圈并被夸大，其他的优点或缺点也就退隐到光圈背后，被视而不见了。甚至只要认为某个人不错，就赋予其一切好的品质，认为他使用过的东西、他要好的朋友、他的家人都很不错，这是典型的爱屋及乌。

（三）刻板印象

人们通过自己的经验形成对某类人或某类事较为固定的看法，叫刻板印象。人们可能会基于性别、种族、外貌等特征对他人进行归类，认为一类人具有比较相似的人格特质、态度和行为方式等。这种对某些人或事的固定看法和观念，就像刻在木板上的图形那样难以更改、磨灭。比如，很多人认为北方男人粗犷、豪爽，而南方男人细致、拘谨，其实真的走南闯北以后，就会发现事实上不一定是这样。但很多人的这种刻板印象并不能因为新的经验而很快改变。

刻板印象具有社会适应的意义，能使人的社会知觉过程简化。但在有限经验的基础上形成的刻板印象往往具有消极的作用，会使人对某些群体的成员产生偏见，甚至歧视。

印象形成中的信息整合模式

在印象形成的过程中，个体所获得的信息常常是认知对象的各种具体特征，但个体最终形成的印象并不是停留在各种具体特征上面，而是把各种具体信息综合后，按照保持逻辑一致性和情感一致性的原则，形成一个总体印象。

加法模式。加法模式指人们形成总体印象时，参考的是各种品质的评价分值的总和。个体被肯定的特征越多，强度越大，给人的印象就越好；相反，个体被否定的特征越多，强度越大，给人的印象就越差，也就越难以为他人所接纳。

平均模式。平均模式指有些人在总体印象的形成上，并不是简单地把他人的多种特征的评价分值累加，而是将各种特征的分值加以平均，然后根据平均值的高低来形成对他人的好或不好的总体印象。

加权平均模式。加权平均模式指许多人在形成对他人的总体印象时，不仅考虑积极特征与消极特征的数量与强度，还从逻辑上判断各种特征的重要性。对他人的总体印象依据的不是简单平均分数，而是加权平均分数。

中心品质模式。中心品质模式指在印象形成的过程中，人们往往忽略一些次要的、对个体意义不大的特征，仅仅根据几个重要的、对个体意义大的特征来形成总体印象。真诚、热情等是积极的中心品质，虚伪、冷酷等是消极的中心品质。一般来说，中心品质模式更接近大多数人日常生活中印象形成过程的实际情况。

印象管理

印象管理指个体以一定的方式去影响他人对自己的印象，即个体进行自我形象的控制，通过一定的方法去影响别人对自己的印象形成过程，使他人对自己的印象符合自我的期待。

我们在生活中的大部分时候，都会不自觉地进行印象管理。比较典型的印象管理是对面试的应对方式。在面试之前，我们大多会考虑面试的当天要穿什么样的衣服、搭配什么样的鞋子、发型应该是什么样的等，还会准备好在面试过程中某些常见问题的答案。

印象管理的作用

印象管理是个体适应社会生活的一种方式。现实生活中，在不同的情境里，每个个体都承担着多种社会角色，也可以理解为是一种人设。在家庭里，要成为父母的好儿女、伴侣的亲密伙伴、孩子的好妈妈或好爸爸；在职场上，要成为合格的领导、同事和下属；在与朋友的交往中，要成为忠诚可信的同伴。我们要为他人、公众与社会所接受，行为就需要符合社会对自己的角色期待。为了更好地适应社会，个体就要实施有效的印象管理。特别是在某些需要刻意经营关系的时刻，比如面试、相亲、谈判等社交场合，我们会为了给别人留下一个美好形象而努力。

我们偶尔也会像尝试不同风格的服装一样尝试一种新的身份，以便观察这种新尝试是否会改变别人对待我们的方式和我们思考与感觉自己的方式。到头来，尝试新的自我就成为自我提升的一种手段。

❧ 如何进行印象管理

如果我们要进行印象管理，通常需要从这三个方面着手：外貌、行为举止和能力品质。

（一）外貌

观察一个人的时候，通常第一眼看到的是他的外貌。外貌是人们用来塑造印象的个人化方式。我们不仅在选择衣服、鞋子、首饰和包包，也在筛选和传递与自己相关的信息。一个人的衣着和相关配件会告诉人们“我是有钱人”“我是白领”或者“我是运动达人”。

有一天同事A穿了一件粉色的卫衣，我夸奖她穿卫衣真好看。旁边的同事B说，她之前也喜欢穿卫衣，但有一次她穿卫衣去给新班级的学生上课，家长都没搭理她。后来她上完课了，家长们才纷纷过来跟她搭话，原来他们之前都以为她是助理。因为她穿着卫衣，看着年纪小。这个例子说明了衣着对他人印象的影响。

另一个印象管理的例子是公司的一个女领导，临近夏天时，我们几个同事一起去吃午饭。我嫌热，一出门就把外套脱了，系在我的T恤上。女领导穿着一件吸热的黑色外套。我说，领导，要不你把外套脱了，不热吗？领导说，热的，可是我里面穿的T恤，不太好意思脱，感觉太随意了。就这样，女领导和我们一起到了吃饭的地方，才把外套脱了下来，吃完饭，一出门就又把外套给穿上了。女领导当然知道穿着外套热，可是依然没有把外套脱下来，大概是她觉得穿着T恤不太符合自己领导的形象，这就属于她对自己的印象管理。

除了衣着，外貌的其他方面也在印象管理中发挥着重要作用，比如体型、面容的整洁度等。男性是否有胡子，胡子是搭配的一部分，还是单纯几天没刮胡子了；长发还是短发，头发是刚剪的还是留了很久。女性是否化妆，妆容是什么样的；长发还是短发等，都是一种印象管理。

（二）行为举止

行为举止由一个沟通者的语言和非语言行为组成。语言包括声音的音量、音色和语速。非语言行为包括仪态、表情（是否爱笑）、习惯性的小动作等。比如，有些老师和蔼可亲，声音抑扬顿挫，在课堂上还会时不时蹦出一两个笑话。有些老师不苟言笑，讲话特别大声，语气有些凶。相信如果你是学生，你会对这两种类型的老师产生不同的印象。

（三）能力品质

外貌和举止通常影响着我们前期对一个人的观感，但相处到后期时，拼的就是能力品质了。比如，这个人是否在某一方面具有出众的能力，这项能力是否能对你的生活工作有所帮助。又如，你和这个人相处下来，觉得他是什么样的性格，当出现事件的时候，他是诚实可信的、以自我为中心的，还是认真负责的。

检测你的印象管理

写一写自己在家庭生活、职场和朋友交往中各是什么样的人设。

在家庭生活中的我：

外貌：______________________________

行为举止：__________________________

能力品质：______________________________

在职场中的我：

外貌：______________________________

行为举止：______________________________

能力品质：______________________________

在和朋友交往中的我：

外貌：______________________________

行为举止：______________________________

能力品质：______________________________

写完后，请你询问你的亲人、同事和朋友（每项两人到三人），依次验证他们口中的你是否符合你上面所写的人设。如果不符合，你觉得是什么造成了这样的误差？他们口中的你符合你想要的人设吗？如果不是的话，结合印象管理的三大项，想想可以用哪些方式来改变。

第二章

增加你的沟通砝码

请注意一下你的沟通态度

我们期待和生活中的重要人物保持亲密友好的关系，但是有时事与愿违，会与人吵架、冷战、产生误解，我们不禁想问，自己为什么与他们沟通不了呢？如何更好地与人沟通呢？要回答这个问题，我们首先要知道影响沟通的因素有哪些。根据沟通的定义以及沟通的过程，影响我们沟通的因素有双方自尊的高低、我们给别人的印象、双方的关系等。

一种沟通方式，可能在当下的关系里很合适，但在另一种关系里，就不是特别合适了。我们这里说的更好的沟通方式，更多的是指一种普遍性的广泛适用的沟通方式。

心理咨询也是一种沟通方式，在心理咨询里，咨询师一开始学习的并不是咨询的技巧，而是建立咨询关系应该具备的态度，比如真诚和积极关注。我们在与人沟通时，也可以借鉴这些方法。

❧ 真诚

真诚在《现代汉语词典》中的解释是真实诚恳，没有一点儿虚假。真诚指对人坦诚相待，以从心底感动他人，而最终获得他人的信任。比如，在心理咨询中，咨询师对求助者的态度真诚，以“真实的我”“真诚的我”的角色帮助求助者，没有防御式伪装，不把自己隐藏在专业角色下，不戴着“咨询专家”的假面具，表里如一、真实可信地置身于与求助者的关系中。在与其他不同身份的人的交流中，也应遵循这样的原则。

真诚在人际交往中具有重要的意义。首先，真诚可以为沟通交流营造安全、自由的氛围，使沟通的双方感到彼此可以敞开心扉，袒露自己的内心世界，促进对对方的理解和接纳。其次，当你真诚待人的时候，对方也会被你的真诚感染，从而促发镜像的模仿作用，对方更容易拿出真诚的态度对待你。

我们都知道应该以诚待人，可是在理解真诚的含义时，可能会存在一些误区。

（一）真诚不等于毫无顾忌

有些人认为真诚就是毫无顾忌，在沟通交流中想怎么说就怎么说，而不刻意修饰。其实这是对真诚的误解，是对真诚僵化的、绝对化的理解。真诚与无顾忌之间虽有联系，但不能等同。沟通过程中，双方通过语言进行交流，话应该如何说既是理念的问题，也是技巧的问题。当我们表达真诚时，应该遵循既对对方真诚，又不伤害对方情感的原则。因此，表达真诚不等于想说什么就说什么，那些可能伤害对方或破坏彼此关系的话，不应毫无顾忌地全盘托出。

一个存在不良人际关系但把原因都归结于他人的朋友一直问你：“你说，这能怪我吗？”终于，你忍不住了：“你这样谁都责怪，有没有想过自己也有问题，你得理不饶人的态度真让人受不了。”这可能是事实，但这样说很可能使你的朋友感觉你和其他人一样在批评、指责他，因而会破坏你们的关系。真诚的说法是：“你更多时候在寻找他人的原因，也许忽略了在自己身上找原因，别人可能只是对你为人处事的方式有些不同的意见。”你真诚的描述比毫无顾忌的描述更准确，避免了贴标签和过分概括化、绝对化的印象。

（二）真诚应以实事求是为基础

真诚体现在沟通的态度上，也体现在实事求是的基础上，不能脱离事实基础。一位满脸是痘痘的朋友，为自己的皮肤而感到自卑，你不能置事实于不顾，跟她说：“别听别人的，你哪里皮肤差，我看你皮肤挺好的呀。”这样的话只能让你的朋友感到你的不真诚，将损害你们的关系。真诚的表达是：“你脸上确实长了痘痘，我可以理解你为脸上长痘而感到担忧。”

（三）真诚还体现在非言语交流上

真诚不仅仅体现在语言交流上，还应该体现在非言语交流上，我们在沟通交流过程中采用的身体语言更是表达真诚的好方法。关注的目光流露的是真诚；前倾、谦和的姿势表达的是真诚；倾听时平和的表情显示的是真诚；无论他人的想法、看法多么奇怪，情绪多么低落，这些身体语言体现的就是真诚。

（四）表达真诚时应考虑相处时间

在表达真诚时，可能会因相处时间的不同而有所不同。在关系建立的初期，我们可以更多地倾听，而不急于表达自己的观点或评价，以免令对方觉得虚伪。随着相处时间的增加，如果双方足够熟悉，就可以真诚地多表达自己的观点或评价，但以不损害关系为原则。

积极关注

当朋友跟你说，我真是太笨了，这次考试考了 58 分，又没考过，你会如何回应他呢？是应该附和着说他真是太笨了，还是说这种破试就别再考了？这两种答案显然都不太合适，对这个问题，应学会用积极关注的态度来解答。

积极关注是指对他人的言语和行为积极、阳光的方面予以关注。通俗来说，就是要学会看到别人身上的优势部分，并用言语表达出来。相对的，消极关注是指对他人的言语和行为消极、黑暗的方面予以关注。消极关注在生活中的例子很多，比如孩子考了五门课程，只有一门 70 分，其他都考到 95 分以上，家长只抓那门考了 70 分的科目，数落其考得有多不好。再如，在生活中有些人只盯着别人的缺点不放，很少发现别人的优点，这些都是典型的消极关注。

回到前面的问题，当朋友跟你说，我真是太笨了，这次考试考了 58 分，又没考过时，在你知道他上次考了 40 分，他确实很认真地准备了考试的情况下，你可以这样回答他：虽然你这次没考过，但是分数已经比上次进步了，而且我看得出你很努力，或许我们可以找个时间，再研究一下这次的题型，下次再来过就好啦。考试的失败结果并不能改变，抓着失败的结果不放，不仅不能解决问题，反而会使对方无法走出低落情绪。这个时候就需要使用积极关注，关注他的优势部分，着手解决问题，而不是继续打击对方。

朋友不会只分享快乐，也会分享烦恼。这个时候，和朋友在消极负面的情绪里待一会儿是可以的，但是你得很清楚这是暂时性的，待一会儿就得出来。此时朋友最需要的是你告诉他，他其实是有力量改变现在的困境的。人在遭遇困境的时候，很容易遗忘自己的优势和长处。作为他的朋友，除了能看到他的失败和不足，更要能看到他的优势和能量。你需要做的，就是把这些他本身拥有的优势和战胜困境的能量，用你对他的了解和观察反馈给他。

值得注意的是，积极关注应建立在客观实际的基础上，尊重事实，不能无中生有，否则对方会觉得你在用谎言来安慰他，从而起到反效果。

顺便提高一下你的沟通技术

说完了态度，是时候学点儿硬技术了。

倾听

美国知名主持人林克莱特在一次访问中问一名小朋友：“你长大后的理想是什么？”小朋友开心地说：“我要当飞行员！”林克莱特接着问：“如果有一天，你的飞机飞到太平洋上空，所有引擎都熄火了，你会怎么办？”小朋友想了想说：“我会先告诉坐在飞机上的人系好安全带，然后我挂上我的降落伞跳出去。”话音一落，现场的观众哄堂大笑。林克莱特继续看着这个孩子，想看他面对哄堂大笑会有什么样的反应。没想到孩子的眼睛里瞬间噙满了泪水。林克莱特有点慌了，继续问他：“为什么要这么做？”孩子一边抽泣，一边坚定地说：“因为我要去给飞机拿燃料，然后再飞回来！”

当孩子说“我挂上我的降落伞跳出去”的时候，你是否也觉得孩子是要放弃这一飞机的人逃之夭夭呢？至少当我第一次看到这个故事的时候是这样想的。大多数时候，我们自然地揣测别人的下文，然后打断他们，以为不需要听完整，就能明白他们的意思了，事实上我们并不能。

我们不仅会这样对待别人，也常常被别人这样对待。你上一次在没人打断、评判、建议、分析的情况下说完话距现在有多久了？这就要提到我们下面要讲的主题——倾听。

什么是倾听

从人际沟通角度来看，倾听是弄懂别人传达的信息的过程。从情感分析的角度来看，倾听传递了一种被对方理解、接纳的情感。卡尔·罗杰斯这样写道：“如果有人倾听你，不对你评头论足，不替你担惊受怕，也不想改变你，这多美好啊……每当我得到人们的倾诉和理解，我就可以用新的眼光看世界，并继续前进……这真神奇啊！”一旦有人倾听，看起来无法解决的问题就有了解决办法，千头万绪的思路也会变得清晰起来。

为什么我们难以倾听

大部分关于沟通的书都在强调倾听在沟通过程中的重要性，为什么？因为好的倾听真的很难。原因主要有以下三点：

第一，自我关注的本性注定了难以倾听他人。想想他人在跟我们说一些无关紧要的事情时，我们通常很难投入其中。只有当说到跟我们有关的事情的时候，我们才会认真倾听。人比想象中更加关注自己，而大部分的沟通话题要么涉及自己，要么就涉及他人。即使在别人述说他自己的时候，我们还是会努力寻找这其中与我们自己的关联。我们是如此关注自己，即使沟通者是我们的亲人、朋友和爱人，我们也通常只能保持一小段时间的关注。

第二，从投入的效用上来看，倾听会占用我们的时间、精力和注意力，而每个人的时间、精力和注意力都是有限的。所以，即使我们会倾听，也会谨慎地选择我们倾听的对象和内容。

第三，从内容上来看，有些时候他人倾诉的事情也会给倾诉的对象带来压力、焦虑和痛苦，这些强烈的情绪感受让大部分人本能地想要逃避。

法国作家西蒙娜·薇依写道："倾听一个处于痛苦中的人，不仅十分罕见，而且非常困难。那简直是奇迹；那就是奇迹。有些人认为他们可以做到，实际上，绝大部分的人还不具备这种能力。"听别人述说他人的痛苦时，我们也很容易感觉压力和焦虑，产生一种虽然我知道你在受苦，但是我什么都帮不了你的痛苦。这种痛苦令我们难以保持倾听的状态，所以我们常常急于提建议，安慰对方，或表达我们的态度和感受。

可是，倾听意味着全心全意地体会他人的信息——这为他们充分表达痛苦创造了条件。有一句格言恰如其分地描述了这种能力："不要急着做什么，站在那里。"

为什么要倾听

在人际交往中，最受别人喜爱的人，不是能言善道的人，而是更善于聆听、能尊重和肯定他人、富有同理心的人。和这样的人沟通，过程会很愉快，不会产生无谓的争吵，会很有安全感，让人更有倾诉的欲望。人与人之间互诉衷肠的情况多了，关系的亲密度也会拉近。所以，拥有良好的倾听与反馈的沟通技巧，会更有助于你改善人际关系。

❧ 如何表达倾听

心理学教授尼可斯博士总结了一些表达倾听的技巧：

1. 捕捉话语背后的信息。注意倾听对方的情绪、顾虑、疑惑、喜怒哀乐。将这些信息带给你的印象组织成语言，然后反馈给对方。可以使用这样的句式："听起来，你好像感觉……"

2. 表达关心。把关注点放在对方身上，不要急于表达自己。通过肢体语言和专注的态度来表达你的在意和关心。

3. 承认对方的感受。确认对方的感受，使用"我明白，你现在感觉……"的句式会让对方了解自己正在被听到。

4. 不去妄加评断。永远不要试图改变他人的想法或感受，别再说"你太敏感了""想开点"，纠结可不是想想就开了的。

5. 总结对话内容。总结对方话语中的信息，而不加自己的评判："你刚刚是说，你打算……"确保我们真的理解了对方的意思。

6. 表达共情。尊重并接纳他人的感受，即使那些感受不符合我们的期待。在别人向你倾诉心事时，试试说："你能信任我，愿意和我讲这些，我很开心。"

7. 使用积极倾听的信号。使用一些很小的积极表达，就可以表示我们在认真听，如"嗯嗯""我明白""然后呢""后来呢"，这样对方也会更愿意继续说下去。

8. 适时换话题。如果我们察觉到对方因为当前的话题而显得愤怒、过度激动，可以先把话题引开，等对方平静下来，再看是否要继续讨论。

❧ 具体化

当说到苹果的时候，你会想到什么样子的苹果？我想到的苹果是黄澄澄的，闻起来香甜，吃起来面面的那种。你的答案是什么呢？用几个词把它描述出来，看看你心目中的苹果和我上面说的苹果一样吗？我准备了一个正确答案："不一样"，以开启后面的篇章。当然那些回答"一样"的小可爱，证明我们对苹果的审美十分的一致，"give me five"。

当你的答案和我的不一样的时候，意味着虽然我们都在说苹果这个词，但是内心里对苹果的图像并不一样。在说苹果这种生活中再常见不过的事物时，我们每个人心中的想象和理解都不一样，更何况其他很多复杂的事物。很多时候，我们以为自己理解了别人说的意思，别人也以为我们理解了他的意思，但是其实双方在说两件事。生活中绝大部分的误会、矛盾和争吵，也是由此产生。解决这个问题，需要用到具体化技术进行澄清。

有一个姑娘找男朋友的标准中，很重要的一点就是男方要有责任心。在她的概念里，责任心是指男方得努力赚钱，对未来有规划，这样才能对以后成立的小家负责。之后，她找了一个男朋友，男方也知道姑娘很看重责任心这一条，所以他把烟给戒了，因为在他的概念里，责任心就是为姑娘的健康负责，那么戒烟是必需的。不久之后，姑娘在发现男方对未来丝毫没有规划的时候，认定男方没有责任心，找个理由就和男方分手了。

上面的例子说明，两人对“有责任心”这一概念的理解并不相同，而分手的一个重要原因，是两人没有对这一概念做具体化探讨。具体化是指在沟通交流过程中，为了明确对方所持的观点、概念、情感以及所经历的事件，而通过提问的方式明确对方表达的技术。具体化时常常使用的句式为“你指的是……”“你是说……”“那个问题发生在……”

与人沟通时，不仅在概念不清的情况下我们需要用到具体化技术，在语言模糊和过分概括的情况下也需要用具体化技术进行澄清。

（一）语言模糊

一部分人在表达的时候，很容易用一些含糊的、笼统的概念陈述自己的状况，且通常是负面的表达，比如“我快烦死了”“我很伤心”“我绝望了”等，这个时候我们往往很难知道对方的确切意思，更无从理解对方，而且这种情况下，通常对方本身体验到的感觉就是不确定的、模糊的，我们也需要协助对方搞清楚自己是怎么想的，这就需要用具体化技术。我们来看一个运用具体化的例子。

女儿：你不关心我。（过于模糊）

母亲：为什么这样说？（使不关心的内容具体化）

女儿：如果关心的话，你就应该对我更好些。（过于模糊）

母亲：你希望我怎么做呢？（询问女儿的具体需求）

女儿：（沉默）

母亲：是不是因为我没有让你去参加同学的生日会？（再次试

图具体化不关心的内容）

女儿：不是。

母亲：是不是因为我没有给你买糖果？（再次试图具体化不关心的内容）

女儿：是的。别的小朋友都有甜筒和棉花糖吃，我却没有。

这是一个小朋友和母亲对话的例子，我们成年人在某些时候也很容易使用这种模糊的表达方式，而这会让我们难以理解自己，也就更难让别人理解我们。所以，我们日常也需要用具体化的词汇来表达自己，这样不仅能清晰地理解自我、表达自我，也能让别人更好地了解我们。

（二）过分概括

有一部分人比较喜欢用一些词语过度概括某件事物，来表示自己的情感。比如，把对个别事件的意见上升为一般性的结论，把对事的看法发展到对人的看法，把“有时”演变为“经常”，把“过去”扩大到“现在”和“未来”，这时如果想获得有效的沟通就需要予以澄清。我们来感受以下两段对话的差别。

A：我老公天天出差，烦死了！

B：啊，你老公真的天天不在吗？

A：也不是，一个月里有半个月在出差。

A：我老公天天出差！

B：唉，那要这个老公有什么用。我表妹夫也天天不着家，后来表妹就和他离婚了！

A：……

有些人担心使用具体化技术可能给别人留下自己“理解力不强”“缺乏领悟力”等印象而不愿意提问，只是自己去猜测、判断，这样容易产生误会，也可能错失了解对方的机会。

❧ 开放式提问技术与封闭式提问技术

所谓开放式提问技术，就是提出的问题没有预设的答案，对方也不能简单地用一两个字来回答，从而尽可能多地从对方那里获得相关信息。与人沟通时，提问应该本着平等、中立的原则，所提出的问题不应该带有倾向性，也不应有过多不必要的感情色彩。开放式的问题有“你假期过得怎么样？”“什么原因使你觉得不开心？”“你对婚姻有怎样的看法？”等。由于以上问题是开放的，对方需要进行说明，而又不能简单地回答，在回答时必然带有大量的信息，包括对事实的描述、评论和感受。这样不仅促进了对方的表达，也让你有机会更了解对方。

在使用开放式提问技术时，可采用多种提问方式进行提问，如果只是固定于某一种方式，可能会错失一些关键信息。例如，仅仅用“什么”引导的问句中，得到的信息可能仅限于事实与资料，而只用“为什么”“什么原因”起始的问句，则往往使对方把注意力集中于挖掘过去的经验，以此来解释自己的行为。

使用开放式提问技术时，需要评估对方和自己的关系、对方的情绪状态，以及场合。当关系还不够熟悉、对方的情绪不够稳定或场合不够私密时，使用开放式提问通常不会得到令你满意的答案。

封闭式提问技术是指提出的问题带有预设的答案，对方的回答不需要展开，从而使提问的人可以得到明确的答案。封闭式提问一般用来澄清事实，获取重点，缩小讨论范围。封闭式提问时，问题中经常使用“是不是”“对不对”“要不要”“有没有”等词，回答也是“是”“否”式的简单答案。这样的问题有“你是喜欢这个项链吗？”“你结婚了没有？”等。封闭式提问一般不能过多地使用，过多使用可能使求助者陷入被动回答的状态之中，其自我表达的愿望和积极性会受到压制，产生压抑感和被讯问的感觉，不利于发展关系。

下面我们再以之前小朋友和母亲的对话为例，来看看开放式提问和封闭式提问的差异。

女儿：你不关心我。

母亲：为什么这样说？（开放式提问）

女儿：如果关心的话，你就应该对我更好些。

母亲：你希望我怎么做呢？（开放式提问）

女儿：（沉默）

母亲：是不是因为我没有让你去参加同学的生日会？（封闭式提问）

女儿：不是。

母亲：是不是因为我没有给你买糖果？（封闭式提问）

女儿：是的。别的小朋友都有甜筒和棉花糖吃，我却没有。

使劲儿夸我，我受得起

当别人让我们满意的时候，我们常常不以为意，觉得本该如此。很少有丈夫因为妻子维持了整洁的家庭环境而表示感激，很少有孩子因为父母每天烹煮晚餐而表示感恩，很少有同事因为工作上的互相协助而彼此感谢。同时，很少有妻子因为丈夫提供了温暖有力的肩膀而表示感谢，很少有家长因为孩子吃饭或做作业积极而表扬他们。

我们吝啬于赞美别人，也很少被别人赞美，就好像我们身边的人和我们自己都不需要赞美这件事一样。可是事实并不是这样，马克·吐温说："一句美好的赞美，能让我不吃不喝活上两个月。"我们明明对赞美渴求之至，却无法开口，现在，让我们打开赞美这扇大门吧！

赞美是什么

· 赞美是指发自内心地对于自身所支持的事物表示肯定。

· 赞美本质上是一种对他人施加影响力的行为。

· 赞美从行为主义上来说是一种奖励，对所赞美内容中的某种行为进行正强化，以增加这个行为以后出现的频率。奖励在日常生活中有很多运用之处，父母对孩子，老师对孩子，很多都是采用这种正强化的方式。除了口头上的奖励，还有实体的奖励，比如给孩子期末发的奖状、奖杯等。

· 从情感态度上来说，赞美是一种被别人看到的感觉：我被别人看到了，我被看到的样子是好的。

· 赞美也是心理咨询中积极关注的一种，赞美是一种选择，选择对别人或者自己积极、光明、正性的部分进行关注。

赞美的重要性

我们被别人赞美时，是一种被别人肯定的感觉，同时我们对自我的感觉也会变好。我们喜欢“喜欢自己”的感觉，这种喜欢也会蔓延到那些让我们更喜欢自己的人身上。

心理学家詹姆斯认为：“人性中最深刻的本能就是被欣赏的渴望。”如果你是别人生活中能够满足他们这种“被欣赏的渴望”的人之一，那么你很可能会被珍视为亲密的朋友。调查研究表明，称赞别人会让别人觉得你富有同情心，善于理解别人，甚至很有个人魅力。当别人发现你对他们待以真情的时候，他们很可能会向你敞开心扉。这样，只要稍微地努力，你就能建立起积极的感情交流，这有助于增进人际关系的友好和亲密程度。赞美还有很棒的一点是，它有助于营造一种开放的、积极的氛围，在这种氛围中，你身边的人能够逐渐成长，并认识到他们作为人而具有的潜力。

为什么有些人吝啬于赞美别人

虽然我们知道赞美别人是一件很重要的事情，但确实有些人在生活中较少称赞别人，我觉得有以下两点原因：

（一）家庭的挫折教育

一些人接受的家庭教育是挫折教育，在这种教育环境下，父母很少鼓励和赞美孩子，孩子自然学不会赞美他人。看到这里，你是不是很想责怪父母？但是通常，当你和父母聊他们的童年时，会发现他们在小的时候也很少被父母夸奖、赞美，这是一个不良循环。

（二）通常看不到自己优点的人，也看不到别人的优点

赞美本身是一种有意识的选择，对待自身的态度必然会反映到对他人的态度上，当一个人连自己的优点都无法看到时，自然也就无从看到别人的优点，更难赞美别人。

为什么很多时候我们对别人的赞美无所适从

还有一件比较奇怪的事情，虽然我们都喜欢被赞美，但是我们对别人的赞美有的时候是会抗拒的，主要有以下几个原因：

首先，赞美是一种被看到的感觉，但是不得不说，我们在某些时候并不想被人看到，比如身体不舒服、心情不好的时候。或者有些人性格就是比较内向，不习惯被人看到，所以当别人关注自己的时候，其实是会有一点不舒服、不习惯的，所以应该有技巧地多夸夸这些人，慢慢地，他们就会习惯了。

其次，当我们受到赞美的时候，会下意识地评估赞美者的动机，动机的评估结果受他人与我们的关系影响很大。想想同样的赞美，来自陌生人、好朋友、自己刚夸过的人和公司领导，我们的感受是不一样的。当我们认为他人称赞自己的动机是出于某些原因，比如利益、礼貌等，我们就会觉得赞美的真实性大打折扣，从而产生抗拒。

最后，当赞美的内容和自我概念不相符的时候，我们也会抗拒这样的赞美。需要注意的是，这里的自我概念有和客观事实重叠的部分，也有有出入的部分。比如，你夸一个身高 160cm 的男生高，或者夸一个语文考了 40 分的孩子分数高，这显然是不符合客观现实的，只要这两位的自我概念不出问题，一般对这样的赞美是会抗拒的。这里我想到自己的一个例子。我大概在十年前还是挺胖的，170cm 的身高，150 多斤，之后“发愤图强”减肥了，减到了 100 多斤。170cm 的身高，100 多斤的人，又是 20 岁的样子，自然不会有多难看，就有个大学室友夸我是美女。我表面是笑笑的，但是内心想“美女个屁”。在这个我自己的例子里，室友夸我绝对是没有恶意的，只不过我当时很抗拒，抗拒的原因为我并不觉得自己是美女，虽然已经瘦了很多，但是内心的自我概念仍旧停留在从前的自己，自然觉得夸我好看的都是在讽刺我。当然，如果你们现在要夸我的话，我一定会觉得你们是真心实意的，毕竟我值得。

改变负面的表达习惯

我们中的一些人因为某些原因养成了负面的表达习惯，不会直接说自己想要什么，而是喜欢说自己不要什么。我们不妨来比较以下三组不同情境中，每种情境下的两种不同表达。

语境：你是一位老师，班级中有一个学生一直在说话，扰乱了课堂秩序。

1. 请你不要再说话了。

2. 请你安静地坐在椅子上。

语境：朋友跟老板提议涨工资，没有成功。

1. 你没能涨工资，实在是太倒霉了。

2. 不管结果怎么样，我觉得你能跟老板表达你的诉求已经很有勇气了。你觉得下一步该怎么做，能够让他接受你的提议呢？

语境：朋友读博士花了八年时间，终于毕业了。

1. 你花了八年时间才毕业，你犯什么错了？

2. 你坚持过来了，并不是每个人都能做到的，我们该怎么庆祝呢？

赞美的技巧

告诉别人你要什么，让别人知道你看得到他们的努力，将更容易达成你的心愿，也会拉近你和他们的距离。

第一种技巧是具体化你的赞美，为赞美的内容增加细节，可以使用“事实+评论”的句子结构，使你的赞美真实可信，同时也会增加你的影响力。

比较以下两个句子，看看有什么不同。

1. 你今天真漂亮。

2. 你今天的睫毛看起来又密又长（事实），让你整个人看起来光彩极了（评论）。

第一个句子中，漂亮这个词很好听，但是太模糊了，而且过于信手拈来，对什么人都能用，不出错，却没有心意。

第二个句子则具体多了，因为睫毛这种细节是需要观察的，既能说明你确实在关注、关心别人，同时对这种细节的赞美需要符合客观事实，不是对谁都能说的，会使你的赞美真实可信。

第二种技巧是加上被赞美人的名字。这样会加重那种被看到的感觉，让别人觉得真实可信。

比较以下两个句子，看看有什么不同。

1. 你今天的睫毛看起来又密又长，让你整个人看起来光彩极了。

2. 扭扭，你今天的睫毛看起来又密又长，让你整个人看起来光彩极了。

如果要批评我，请你温柔点

我们常常对别人满足我们意愿的情形熟视无睹，但当别人做的事情不合我们的意愿时，我们会非常迅速地注意到他们，然后进行批评，并细致地解释为什么他们的行为是“不好”或“错误”的，为什么他们应该照我们说的去做。我们的日常生活中有赞美，但也无法逃脱批评。

批评是什么

· 批评是指对缺点和错误提出意见，如批评某个服务者对顾客的傲慢态度。值得注意的是，批评不是指责，不是抱怨，也不是批判。

· 批评和赞美一样是一种对他人施加影响的行为语言。

· 批评从行为主义上来说是一种惩罚，对批评内容中某种行为进行负强化，以减少这个行为以后出现的频率。

· 从情感态度上来说，批评是一种被别人看到的感觉：我被别人看到了，我被看到的样子是好的。

❧ 为什么我们接受不了别人的批评

我们在现实生活中难免会遭到来自他人的批评，不得不说，被批评不是一种愉快的体验。我们接受不了别人的批评，主要是因为感觉自尊受到威胁。当别人指出我们的缺点时，我们对自我的良好感觉会受到挑战，难免会觉得不舒服。自尊高低通常决定着一个人面对批评的反应，自尊高的人在面对别人的批评时会更容易接受，情绪上会更平和，而自尊低的人更容易情绪激动。自我的接纳程度也影响着面对批评的反应。你能在多大程度上接受自己的不足和忍受自己的不完美呢？

❧ 应对批评的五部曲

（一）评估对方的动机。你觉得对方批评你是为了让你提高，还是单纯想挫败你。这种感觉可能很难用客观的标准来评估，我们可以试着问自己两个问题：

· 对方有必要挫败你吗？

· 之前和对方的交往中，你是否有被批评的经验，如果有的话，是什么样的？

对第一个问题，如果你的答案是没有，那么认真听下去是一个不错的选择。如果你的答案是有，有两种可能的情况：一种是批评者确实吹毛求疵，想使你难堪，攻击你，那么你不需要听取他的批评和建议。另一种是你觉得所有批评你的人都是想使你难堪，针对你，那么你需要检验自己的安全感和信任别人的能力。如果你的安全感和信任别人的能力从一开始就没有建立好，那么不管是谁，提出怎样的批评或者建议，你都有可能认为那是出于敌意的批评和指责，自然没办法坦然接受。

第二个问题检验的是你和批评者的关系以及交往经验。如果批评你的人和你很亲密，你也很信任他，同时在以往的交往中，他提出的建议都很中肯，让你有很多收获，那么尝试接受批评并反省自己是个不错的主意。其他情况则需要具体评估。值得注意的是，父母常常是我们最亲近的人，但是在部分情况下，孩子很难接受父母的批评和建议，可能是因为父母的批评太频繁，且孩子在他们的批评中察觉到不符合事实的部分，这样孩子对父母的批评和建议自然很难接受。

（二）面对对方的批评，首先需要倾听，因为即使你需要解释，也应把对方描述的事实性内容、评论和情绪感受听完，这样才能更好地把自己当时的想法和做法解释给对方听。如果身体能保持放松的姿态、表情温和，就更好了。

（三）如果对方的句子只有评论或者感受，你需要使用具体化技术，明确是什么时间、什么地点、有什么人物、发生了什么样的事件，让他有这样的评论或者感受。下面的例子中，角色 B 就是运用了具体化技术，后续可获得更多、更有效的信息。

A：你不关心我！

B：发生了什么事情，让你觉得我不关心你？

A：你不负责任！

B：我做了什么事情让你觉得我不负责任，或者你可以说说你觉得负责任需要怎么做？

（四）如果对方说的事实性内容确实发生了，那么同意对方所说的事实性内容，承认对方的观察是对的，有助于传达出你是尊重他以及他的建议的，对于平息对方的不满情绪很有效。

如果对方喜欢用概括化的语言，用“总是”“从不”之类的绝对性词语来描述你的行为（如“你总是迟到”），或是简单地把你归类（如“你是个小气鬼”），这时你可以接受你认为有道理的部分，而不接受其他内容，引用事实性描述能够有效地表明你的立场。

A：你总是迟到。

B：我今天确实迟到了，不过这个月其他时候我都准时到了。

（五）在批评者身上找问题不是一个好主意。提出批评的人自身也不是完人，因此在批评你的同时，你也有机会还以颜色。尽管这样做在短时间内能够缓解自己尴尬的局面，但是并不能解决任何问题，反而可能对双方的关系造成极大的伤害。

批评的注意事项

虽然大多数时候来说，批评都是一件吃力不讨好的事情，但是我们难免会碰到需要提点他人的时候。这时可以参考以下几条注意事项：

（一）评估和对方的关系、对方的情绪状态、时机、场合

如果出现以下状况，如对方和你关系并不亲近、对方的情绪处于不稳定的状态（低落/烦躁/愤怒）、对方很忙，或者在公开的场合，这显然都会使对方对你批评和建议的接受程度降低。

（二）避免以偏概全

尽量避免使用“一直”“永远”“总是”等概括性词语，因为通常这些词语都不够准确，让对方在当下会很想反驳，然后讨论的话题就会转变为对“一直”“永远”“总是”等概括性词语的讨论，你也很容易从“有理”变成“没理”。

（三）对事不对人

当你把对事件的不满，扩大为对对方的人身攻击时，对方会很难接受你的批评，并很有可能跟你打一架。

（四）批评时最好一次只说一个点

如果你批评的内容过多，对方在情感上通常很难接受，而且会让对方觉得你在宣泄情绪：“原来这个人对我有如此多的不满”，这样人家就更听不进去你对他的批评和建议了。

让我告诉你我是谁

自我暴露是人与人沟通过程中的重要组成部分，良好的人际关系是在自我暴露逐渐增加的过程中发展起来的。别人也会想知道你的情况，如你的兴趣爱好、工作、娱乐活动、观点看法，以判断今后能有多少交往的可能。你透露出的信息让他们大致能够了解他们和你能有什么样的关系。同时，如果我们想了解我们对别人的接纳程度，评估我们与对方交流时的自我暴露水平就可以做到。

自我暴露也称自我开放，指在沟通和交往的时候把自己私人的方面显示给他人。一般情况下，关系越密切，人们的自我暴露就越广泛、越深刻。也有一个特例是，当我们在网络环境中，确定彼此都不认识的情况下，我们可能把自己的信息甚至隐私告诉网友，这是因为在完全不认识的网络环境中，另一端的网友并不知道你是谁，这大大降低了泄露隐私的风险和尴尬。

自我暴露具有典型的对称的特点，即双方通常是以同样的进度敞开自己。除了心理咨询，很少有人愿意单方面透露太多的信息。你会一点一点地向对方透露自己的情况，希望对方在了解自己的同时，能够有更大的兴趣，而且以同样的方式透露自己的情况。

随着自我暴露的对称进行以及信任的建立，交流的内容也逐渐深入。在交谈的过程中（实际上，是在建立一种关系的过程中），相互间的交流通常会变得具有更加重要的意义。通常交流都会经历以下三个阶段：礼貌性用语，交换个人的基本情况，事实性信息、评论性信息和感受性信息。

阶段一：礼貌性用语。两个人一见面，几乎总是以礼貌性用语开场。礼貌用语并不提供信息，更多的是体现一种情感态度，表示“嗨，我看到你了”，也有时是为了表明愿意进一步进行实质性交流的积极态度。举例如下。

A：“你好。”

B：“你好，很高兴见到你。”

如果你想和对方继续聊下去，一些共同性的、事实性的经验有利于你们打开话题，不容易出错，比如聊天气情况、路况等。

A：“今天天气好冷啊。”

B：“今天下雪了，路上可堵了。”

需要注意的是，如果在完全不熟、不知道对方基本情况时，评论大型的赛事、明星、电视剧也不是一个特别好的选择，因为很有可能会碰到你的“对家”。

阶段二：交换个人的基本情况。寒暄之后，人们通常会相互交换一些个人的基本情况，包括职业、习惯、兴趣爱好等，如“我是一名律师”“我每个星期六都会来这里”“我很喜欢狼人杀”。

刚开始交换个人基本情况时，有点像工作面试。每个人都试图发现对方与自己是否有足够多的共同之处，或者开始判断这个人与自己以后生活的关联性有多大，判断是否还会遇到或者用到他，这直接决定双方是否发展友谊。

阶段三：事实性信息、评论性信息和感受性信息。相熟之后，不管是在同事之间、朋友之间，还是家人之间，沟通交流的内容主要包含以下三种信息：事实性信息、评论性信息和感受性信息。

事实性信息主要是指客观的、肉眼可观察到的、具体的信息，例如：

· 我今天去看我妈妈了。

· 我今天早上喝了一杯豆浆，吃了两个包子和一个苹果。

· 晚上我搭的地铁回家，人很多，我是一路站回去的。

评论性信息指的是对现实生活中的事件的看法和评论，例如：

· 我今天去看我妈妈了，我妈妈刚染了个棕色头发，看着洋气多了（这里面的洋气，就是对头发的评论性信息）。

· 我今天早上喝了一杯豆浆，吃了两个包子和一个苹果，我也不想吃这么多，但那两个包子实在是太小了，害得我把本来准备中午吃的苹果给吃了（“实在太小了”就是对包子的评论性信息）。

·晚上我搭的地铁回家，人很多，我是一路站回去的。你不知道，我旁边是个大胡子的中年人，身上可难闻了（“可难闻了”就是对中年人身上闻到的评论性信息）。

感受性信息与事实性信息和评论性信息不同，主要传达你在情感上对此事的反应，例如：

·我今天去看我妈妈了，我妈妈刚染了个棕色头发，看着洋气多了，整个人的精气神儿都不一样了，看到她这样，我很开心。

·我今天早上喝了一杯豆浆，吃了两个包子和一个苹果，我也不想吃这么多，但那两个包子实在是太小了，害得我把本来准备中午吃的苹果给吃了，现在我有点后悔，因为真的撑得很难受，感觉午饭都吃不下了。

·晚上我搭的地铁回家，人很多，我是一路站回去的。你不知道，我旁边是个大胡子的中年人，身上可难闻了。后来地铁上的人越来越多，这个中年人紧挨着我，我可难受了。

显然，感受性信息的自我暴露程度要比评论性信息自我暴露程度深，评论性信息的自我暴露程度要比事实性信息程度深。评论性信息比礼貌性用语或个人基本情况更能够让别人了解你是一个什么样的人，你有怎样的想法和看法。而感受性信息可以让别人从情感上体会你是一个什么样的人，有着什么样的需求，让别人体会你的喜怒哀乐，从而引发情感上的共鸣。当然，并不是说我们应该对每一个人都表达感受性的信息，自我暴露的程度也要根据关系的远近和熟悉程度来选择。

❧ 自我暴露的好处和风险

（一）关系的建立和维持

开始一段关系时是需要一定程度的自我暴露的，不管是亲密关系，还是普通朋友关系，都是如此。如果你一直隐瞒自己的信息，与对方的自我暴露程度不匹配，可能一开始对方会出于礼貌保持友好的态度，但是久而久之，他可能会把你的隐瞒解读为“这个人对我没有兴趣，没有和我建立关系的愿望”。

（二）模仿与学习

自我暴露具有典型的对称特点，当你自我暴露的时候，也会促发对方进行自我暴露，从而增加关系的紧密度。

（三）宣泄情绪

就像那句俗语说的：“如果把快乐告诉一个朋友，你将得到两份快乐；而如果你把忧愁向一个朋友倾吐，你将被分掉一半忧愁。”

（四）自我澄清

有时候，通过和他人谈论你的信念、意见、想法、态度和感觉，可以厘清你自己对于这些话题的看法。这种“把问题说出来”的情况可能发生在你和心理咨询师的谈话过程中，也可能发生在你和朋友——无论他是理发师还是开水果店的——的谈话过程中。

自我暴露虽然会给人际交往带来好处，但也存在风险。这种风险主要是从自我暴露的内容上产生的，当自我暴露的内容不经过评估，就完全被实话实说，对方的反应有可能会伤害到我们，或者我们的实话也会伤害到对方，也有造成印象管理失败的风险。

同时，不恰当的自我暴露也会暴露需求，容易使自己受制于人。比如，一个陌生人在非工作场合频频地向你展现他的专业背景，只能说对方非常急切地想要跟你建立关系。这种急切或许会使你对其产生轻视心理。自我暴露应该是循序渐进的、对称的。有些边缘型人格患者因为信任和边界的问题，要么不自我暴露，要么一自我暴露就像竹筒倒豆子一样，把自己的故事全部道出来。

❧ 自我暴露的注意事项

（一）自我暴露需要注意关系、场合和时机

有一次参加主题研讨会，大家聊到亲密关系，一个姑娘分享了自己流产的经历。我当时是很诧异的，因为那是一个公开的场合，有五六个人，而且她是第一次来参加这个活动，和我们都不太认识。那么，这样的自我暴露就不太合适，她没有评估自我暴露的时机、场合和与他人的关系。这样不合适的自我暴露，也会给当场的人带来压力。

（二）自我暴露需要注意进度和量

有些人在自我暴露的过程中，很容易一下子就说得太多或者什么都不说，这都不太合适。自我暴露本身就是一种双方互相熟悉和试探的过程，需要循序渐进地推进，需要一点一点地做对称性的表露。

（三）不侵犯他人的隐私

我们越接纳一个人，就会下意识地要求对方对我们暴露得越多、越深。但要注意，无论关系多深、多密切，我们每个人都有自己不

愿意暴露的领域。我们不能因为关系亲密或者是情侣、夫妻、亲子，就要求对方完全地敞开心扉，更不应该随意地侵犯对方不愿意暴露的隐私。否则，会让对方产生强烈的反感，从而导致对我们的接纳度下降。

请你满足我的需要

我们在开始每段对话时都是有目标的，只是有些时候我们很清楚地知道这次的目标是什么，有些时候则不清楚。也许有人会说："我没什么目标，只是随便聊聊。"但其实，我们在和另一个人说话的时候，总是希望有所回应。有时，我们想要的是他人的理解，希望有人倾听并了解我们的处境；有时，我们期待的是他人对我们的如实反馈，想了解他人的真实想法；还有时，我们希望他人能为我们做些什么。当然，这些目标和我们的个人需求是分不开的，我们对自己的需求认识得越清楚，越可能得到满意的回应。

需求理论

需求理论中最著名的就是马斯洛需求理论。马斯洛认为，人的需要分为五个层次，即生理需要、安全的需要、爱和归属的需要、尊重的需要和自我实现的需要，这五个层次由低到高逐级形成，并逐级得到满足。

生理需要指人对食物、空气、水、性和休息的需要，是维持个体生存和种系发展的需要，在一切需要中它是最优先的。

安全的需要指人对安全、秩序、稳定以及免除恐惧和焦虑的需要。如果这种需要得不到满足，人就会感到威胁和恐惧。它表现为人都希望自己有丰厚的收入，有一个稳定的工作，希望生活在安全、有秩序、可以预测和熟悉的环境中，喜欢做自己熟悉的工作等。如果一个人生活在生命财产安全得不到保障的环境中，或者生活在人生地不熟的环境中，从事着自己不熟悉、对结果没有把握的工作，这个人就容易产生恐惧情绪，缺乏安全感。

爱和归属的需要指人要求与他人建立情感联系以及隶属于某一群体，并在群体中享有地位的需要，需要包括给他人的爱和接受他人的爱。

尊重的需要指人希望有稳定的地位，得到他人的高度评价，受到他人尊重并尊重他人。这种需要如果得到满足，会使人体验到自己的力量和价值，增强信心。这种需要如果得不到满足，会使人产生自卑和失去信心。

自我实现的需要指人希望最大限度地发挥自己的潜能，不断地完善自己，完成与自己能力相称的一切事情，实现自己理想的需要。这是人类最高层次的需要。但是，每个人自我实现的需要的内容有明显的差异，如有人想当作家，有人想当体育明星或演艺明星，有人想在科学上有所建树。人自我实现的途径和方式也各不相同，如有人投师做学徒，有人自学成才等。

马斯洛认为，只有较低层次的需要得到基本的满足，较高层次的需要才会出现。已经满足了的需要会退居次要的地位，不再是行为、活动的推动力量；新出现的需要转而成为最占优势的需要，它将支配一个人的意识，并自行组织有机体的各种能量。当所有较低层次的需要都得到持续不断的满足时，人才受到自我实现的需要的支配。

层次越低的需要力量越强，它们能否得到满足直接关系到个体的生存，因而较低层次的需要又叫缺失性需要。不吃不喝会使人饿死或渴死；一时没有实现自己的理想和愿望，却不会置人于死地。理想和愿望今天没有实现，明天还可以创造条件去努力实现。虽然高层次的需要并不直接关系到个体的生存，但高层次需要的满足有益于健康、长寿和保持精力的旺盛，所以这些需要又叫生长需要。

明确谁的需求没有被满足

当我们的需求不被满足时，就会有烦恼。无论你是想要退换一个不满意的商品，抱怨邻居总是深夜带朋友回来唱歌打扰你睡觉，还是请求你的老板给你加工资，这些都是你的烦恼。因为在以上每一个例子当中，你才是那个不满意、心生烦恼的人。你是那个已经为自己不满意的商品付钱的人，你是那个被邻居吵得没办法入睡的人，你是那个觉得自己受到不公平待遇的人，而卖给你商品的人、你的邻居和老板依然在享受他们的生活。

学会分清谁有烦恼、谁的需求没有被满足可以省去很多不必要的烦恼。在沟通的过程中，明确是自己的需求没有被满足，会让你更努力地思考怎么去解决问题。

在意识到烦恼是“我的”之后，下一步是去界定你未满足的需求是什么。例如，在邻居打断你睡眠的例子中，你的需求就是不被打扰地睡个好觉，属于需要层次理论中的生理需要。在请求老板加工资的那个例子中，你的需求就是付出和收入成正比，属于需要层次理论中的尊重需要。

有时个体的需求并不像表面看起来那么单一直接，单一直接需求的背后可能还包含其他性质的需求。比如，朋友很久之前跟你借过钱，一直没有还给你。在这种情况下，我们的直接需求是朋友把钱还给我们，但是再思索一下，好像还有其他的。朋友没还钱是钱的问题，也不是钱的问题。借钱肯定是要还的，没还钱也会让借钱的人的感情受到伤害，因为我们不仅借出了钱，还借出了对朋友的信任和情感。

表达需求

首先，清楚地告诉对方，我们希望他们做什么，通常会成为解决问题的良好开端。可是大部分时候，我们更习惯用“不要……”的句式来表达需求，比如，在课堂上老师会跟学生说不要说话，恋人之间会说不要不理我。在我们请求他人不做什么的时候，对方通常会很困惑，不知道我们需要的是什么。而且过多地运用“不要……”的句式，容易引起别人的反感。

在一次读书会中，一位女士谈道：“我让我老公少花点时间在工作上。半个月后，他和我说，他已经报名参加区里的足球比赛了，需要经常训练。”这位女士说出了她不想要什么——她不希望丈夫花太多的时间在工作上，但没有说清楚她想要什么。我们鼓励她直接说出她想要丈夫怎么做，她想了想，说道：“我希望他每周至少有两个晚上在家陪我和孩子。”

我们提出的请求越具体越好，如果我们的意思含糊不清，别人就难以了解我们想要什么。因此，尽可能说清楚你的烦恼，传达完整正确的信息是十分重要的。首先要告诉别人有一件事情正在困扰着你，然后描述让你困扰的行为，至于如何描述，请参考前面自我暴露章节中事实性信息的部分。

· 有一件事让我很烦恼，今天早上你把脏袜子扔到了沙发里。

· 有一件事让我很烦恼，你从今天早上 8 点半开始打游戏，一直打到中午。

· 有一件事让我很困扰，你今天没经过我的允许就把我的书拿走了。

描述让你烦恼的行为时，行为产生的时间越近，效果越好，最好是刚刚发生的。“此时此地”的力量是最大的。谈论对方以前让你困扰的行为，翻旧账，不会让事情往你希望的方向发展。同时，尽量避免使用“一直”“总是”“从不”等宽泛的字眼来描述，以免引起对方的反感。

陈述行为造成的后果

其次，指出谁有烦恼并且说明烦恼的行为之后，陈述这样的行为会导致的后果。指出因为对方的所作所为，曾经发生了什么、如今发生了什么、将来会发生什么。

· 有一件事让我很烦恼，今天早上你把脏袜子扔到了沙发里，害得我下午洗衣服的时候没找到。

· 有一件事让我很烦恼，你从今天早上 8 点半开始打游戏，一直打到中午，孩子尿床了你都不知道。

· 有一件事让我很困扰，你今天没经过我的允许就把我的书拿走了，我还以为我把书忘在家里了。

用积极的态度来说明行为的后果是一种巧妙的方式。例如说：“妈妈，如果你一直这样什么都帮我做的话，我会太依赖你，结果以后我什么都不会做。”

说明你的感受

最后，告诉对方你对他的行为以及产生的后果的感受，也可以参考前面自我暴露章节感受性信息。

· 有一件事让我很烦恼，今天早上你把脏袜子扔到了沙发里，害得我下午洗衣服的时候没找到，这让我有点生气。

· 有一件事让我很烦恼，你从今天早上 8 点半开始打游戏，一直打到中午，孩子尿床了你都不知道，对此我感到很失望。

· 有一件事让我很困扰，你今天没经过我的允许就把我的书拿走了，我还以为我把书忘在家里了，白担心一场。

总结下来，我们在渴望他人满足我们的需求时，可以使用这样的句式：“有一件事情让我很烦恼 + 描述让你烦恼的行为 + 陈述行为

造成的后果 + 说明你的感受。”

当你描述让你烦恼的行为，希望对方做出改变的时候，你表露的非语言信息会起到很大的作用。一个说话笑嘻嘻、背对着他人、语速很快的人，通常很难让人对他的话产生重视。一个怒目而视、态度傲慢的人，通常也很难让人想要满足他的需求。身体面对对方、说话时看着对方的眼睛、语调放慢、表情放松，温和而又坚定地表达你的烦恼，通常会得到更好的结果。

藏在表情与动作中的秘密

早几年有一部美剧叫《别对我说谎》（Lie to Me），主角莱特曼博士是一名微表情专家，他可以通过别人的微表情变化识别他人是否说谎。凭借这样的技能和经验，他帮助警察破获了很多案件。这说明微表情像语言一样，也在我们的交流沟通中传递了信息，是非语言沟通的一种形式。人不仅在用语言进行交流，也在用非语言沟通交流。

非语言沟通是指对非语言信息传递和交流的过程。非语言沟通中传递信息的途径包括目光、面部表情、身体运动与触摸、衣着与步态、体间的空间距离等，人们可以通过非语言沟通表达丰富的意义。

非语言沟通的作用

加强语言的意义。手势和面部表情与语言一起出现，可使语言的意义更丰富，情绪色彩更鲜明，加强对语言的理解和表达。

给出反馈。信息接受者可以对信息发送者做出持续的反应，如面部表情可表示同意、理解、惊讶、不满等信息，使对方感知到自己的反应。

传达情感。交流者可以用非言语形式表达自己对对方的喜欢、理解、尊重、信任的程度，像面部表情和声调这样的非语言暗示，比语言的影响更大。

替代语言。有时候某一方即使没有说话，也可以从其身体语言如面部表情上看出他的意思，这时候，非语言沟通的内容也替代了语言沟通的作用。

❧ 非语言沟通体现在哪些方面

（一）目光

目光接触是最重要的非语言沟通方式，其他的非语言沟通也与目光接触有关。人际沟通如果缺乏目光接触，会成为一种令人不悦的困难的过程。当然，持续“盯人”、长时间地凝视，也会让对方感到压力甚至不快。在一般的沟通情况中，那些较自信的人喜欢看着对方的眼睛，而且正视对方的时间较长，而缺乏自信、心中不踏实的人则相反。

（二）面部表情

面部表情是另一种可完成精细信息沟通的非语言途径。人的面部有数十块表情肌，可产生极其复杂的变化，生成丰富的表情。这些表情可以非常灵活地表达各种不同的心态和情感。来自面部的信息，很容易为人们所觉察。

面部表情可表现肯定与否定、接纳与拒绝、积极与消极、强烈与轻微的情感。它可控，易变，效果较为明显。个体可通过面部表情显示情感，表达对他人的兴趣，显示对事物的理解，表明自己的判断等。因而，面部表情是人们运用较多的非语言沟通的途径之一。任何一种面部表情都是由面部肌肉整体协同变化的结果，但面部某些特定部位的肌肉对于表达某些特殊情感的作用更明显。一般地说，表现愉悦的关键部位是嘴、颊、眉、额；表现厌恶的部位是鼻、颊、嘴；表现哀伤的部位是眉、额、眼睛及眼睑；表现恐惧的部位是眼睛和眼睑。

心理学家谈到推销员如何了解顾客的心理时说，假如一个顾客的眼睛向下看，而脸转向旁边，表示你被拒绝了。如果他的嘴是放松的，没有机械式的笑容，下颚向前，他就可能会考虑你的提议。假如他注视你的眼睛几秒钟，嘴巴乃至鼻子的部位带着浅浅的笑意，笑容轻松，而且看起来很热心，这个买卖便做成了。

在理解面部表情时需要注意的是，同样的面部表情在不同情况中代表的意义也会不同。比如，皱眉可以简单理解为一句话的中间停顿，在另一种情况下也可能是“心里冒火”或“讨厌”的信号，或者是思想集中的表现。如果仅仅研究皱眉这一面部表情，我们通常很难正确判断它的准确含义，还需要联系其他一系列的非语言行为所表达出来的含义，才能做出正确的判断。

（三）身体运动和触摸

身体运动是最易被人发现的一种身体语言，其中手势语言占有重要位置。一般情况下，我们都会用手语来表达态度和情感。一些常见的身体运动形式有：

摆手：表示制止或否定（如街上遇到推销）。

双手外推：表示拒绝（如你爸妈想要你相亲，而你只想把他们推出门外）。

双手外摊：表示无可奈何（适用于不情愿又没有办法的各种场景）。

拍头：表示自责（如自己做的项目，其中一项数据错了）。

触摸是人际沟通中的有力方式。人在触摸和身体接触时情感体验最为深刻。日常生活中，身体接触是表达某些强烈情感的方式。个体都有被触摸的需要，婴儿接触温暖、松软物体会感到愉快，他们喜欢被拥抱和抚摸。对于恋爱中的成年人，触摸会使感情迅速升华。触摸不仅使个体感到愉快，还使他们对触摸对象产生情感依恋。

身体朝向的变化，比如上半身身体、脚的朝向的改变，一般也说明沟通中某一方态度的改变。比如，小孩在听父母训斥时，嘴巴在说："是的，是的，我知道了。"但他同时把身子转了过去，其实是在发出另一种信号："够了，够了，我要走了。"

一个始终感到不幸的人会终日皱眉，皱眉成了他固定的表情。一个爱侵犯他人、好管闲事的人老是探头探脑。一个温和、慈祥的人常常面带微笑。同时，表情和动作与人的情绪可以相互作用，当人情绪低落时，试着做出挺胸和挺直腰杆的动作，或可使自己由颓丧的感觉中走出，变得充满信心。

（四）人际距离

空间有着丰富的意义，在人际交往中起着重要的作用。

人际距离是指沟通与交往时，个体身体之间的空间距离。交往双方的人际关系以及所处情境决定着相互间自我空间的范围。美国人类学者霍尔博士提出了四种人际距离的概念：公共距离、社交距离、个人距离、亲密距离。

1. 公众距离（3.7~7.6 米）。在正式场合、演讲或其他公共场合沟通时的人际距离，此时的沟通往往是单向的。

2. 社交距离（1.2~3.7 米）。此时的距离像隔了一张办公桌，一般工作场合人们多采用这种距离交谈。在小型招待会上，与没有过多交往的人打招呼可采用此距离，体现出一种社交性或礼节上的较正式关系。

3. 个人距离（0.45~1.2 米）。此时的距离是伸手就能碰到对方，是朋友之间交往的距离。采用这种距离的两个人虽然认识，但是没有特别的关系。这是在进行非正式的个人交谈时最经常保持的距离，可以感知大量的非语言信息。

4. 亲密距离（0~0.44 米）。一般是亲人、很熟的朋友、夫妻和情侣之间的沟通和交往距离，通常有肢体接触，比如挽胳膊、拉手等。

人际距离通常反映着人与人的关系，人与人的关系也会反映在人际距离上。所以当不熟悉的人闯入我们的个人距离或者是亲密距离的时候，我们会本能地弹开，因为这样的距离会让我们觉得不舒服。而当我们在情感上喜欢一个人的时候，也会发生我们闯入他亲密距离的现象，因为我们想和他亲近。

当非语言沟通传达的信息和语言传达信息不一致时

当一个人跟你说，“哇，你好厉害”时，他的嘴角却开始往下撇，眉头是皱着的，身体开始偏转，你会相信他说的话是真的吗？英国心理学家的研究指出，当语言信息与非语言信息传达的意义不一致时，人们相信的是非语言信息所代表的意义。

当语言信息和非语言信息传达的意义一致时，会增加语言信息的说服力。而大多数人在说违心话时，会无意识地做一些与自己说的话矛盾的表情或者动作，这会降低语言信息的说服力。语言信息和非语言信息不一致通常有两个原因，一个原因是心口不一，心里想的和嘴上说的不一样，嘴上说着“是是是”，但是面部表情和身体动作却出卖了自己的想法。另一个原因则是在生活中养成了不良的表情习惯，比如常皱眉、斜眼等。皱眉通常表示拒绝、不赞成，如果一个人养成了皱眉的习惯，他表示开心、赞成时都有可能会皱眉。观察到这一表情的人自然会觉得虽然他在说赞成，但是其实心里是不乐意的，这样就会误解这个人本来想要表达的意思，给沟通交流带来阻碍。所以我们在表达观点时，应该尽量使自己的语言信息和非语言信息一致，改善自己的不良表情习惯，这样才能更好地说服对方。

表达喜欢的情感

阿瑟·瓦斯默在他的《交往》一书中介绍了如何用非语言行为向对方表示自己感到轻松、舒服、高兴，并且愿意进一步交往，赶快来试一试吧。

微笑：表示你的心情是愉快和放松的。

开放的姿态：肩膀打开、两只手自然下垂。

身体前倾：表示你对别人所说的话很有兴趣。

眼神交流：表示“我确实在关注你”。

点头：鼓励别人继续说下去。

第三章

情绪是如何影响我们的

情绪和对情绪的迷思

谈到沟通，不得不承认情绪的重要性。人们在心情好的时候容易注意到事物美好的一面，态度变得和善，也乐于助人，勇于承担重任；在心情不好的时候，看问题容易悲观，懒于追求变化，也更容易产生攻击性行为。

情绪是以人的需要为中介的一种心理活动，它反映的是外界客观事物与主体需要之间的关系。外界事物符合主体的需要，就会引起积极的情绪体验，否则便会引起消极的情绪体验，这种体验构成了情绪的心理内容。情绪是主体的一种主观感受，或者说是一种内心体验，但也会引起一定的生理上的变化，如心率、血压、呼吸和血管容积上的变化。愉快时，面部的微血管舒张，脸变红了；害怕时，面部的微血管收缩，血压升高，心跳加快，呼吸减慢，脸变白了。

情绪变化的外部表现形式叫表情，表情包括面部表情、身段表情和言语表情。面部表情指面部肌肉活动的模式，它能比较明显地表现出人的不同情绪和情感，是鉴别人的情绪和情感的主要标志。例如，高兴的时候，人的眼是眯着的，嘴角是往上提的；伤心的时候，人的眉头是皱着的，嘴角是向下的。

身段表情指身体动作上的变化，包括手势和身体的姿势。例如，高兴时手舞足蹈，懊悔时捶胸顿足，害怕时手足发抖、惊慌失措。

言语表情是情绪和情感在人说话时的音调、速度、节奏等方面的表现。例如，高兴时说话的音调高、速度快；悲伤时说话的音调低、速度慢，句与句之间停顿的时间比较长。

现代心理学通常将基本情绪（也称为原始情绪）区分为快乐、愤怒、悲伤、恐惧和厌恶五种。这些情绪与基本需要相联系，是不用学就会的，每一种基本情绪都有其独立的神经生理机制、内部体验、外部表现和不同的适应功能。

情绪有好坏之分吗？

情绪没有好坏之分，大多数情绪对于个体来讲，是具有保护意义的，它们承担了相应的功能，帮助我们理解自己的内在需求，下面我们以愤怒和悲伤这两种情绪来举例说明。

（一）愤怒：提醒我们拒绝或者远离伤害性体验

愤怒是一种能量很强的、可以保护自己的情绪。在我们的自尊、利益、权利和边界受到威胁时，我们就会愤怒，这是一个人受到侵害时最直接和真实的反应。如果没有愤怒，我们便无法在关系中建立健康的边界。当愤怒提醒我们，自己受到侵犯，需要抵抗时，如果我们成功保护了自己，这种情绪就会消散，而如果我们压抑了愤怒或是未能捍卫自己，愤怒一般会从指向外界到转向自身。

比如，你在排队等待结账，有一个人“唰”的一下就站到你前面去了，你可能会愤怒，进而喝止对方，因为你的权益受到了侵害。如果你不喝止的话，他会继续排在你的前面，你就得等待更多的时间，而且还可能增加其他人继续插队、排到你前面的概率，这时，愤怒在提醒你捍卫自己的权益。

（二）悲伤：一种求救信号，让我们与他人建立深层的联结

悲伤是非常具有感染力的情绪之一，也是一种极易引发他人同理心的情绪。一个人在遭受痛苦时流露出自己的悲伤，实质上也是在发出一种求援信号——我现在很难过，希望能够得到你的陪伴、理解和支持。

此外，逆境中的悲伤其实对我们有利。研究表示，悲伤状态造成的大脑变化使一个人的记忆更加深刻，收集信息、细节的能力会变强。沉浸在悲伤中的志愿者在做判断时更能识破欺骗性的信息，且不易受一些刻板成见的影响。因此，悲伤让我们在困境中有所收获，也使得我们更好地处理问题、走出悲伤。事实上，压抑悲伤容易使人走不出困境，当人生遭遇低谷时，悲伤是一座我们回到快乐基准线所必经的桥梁。

情绪本身是没有好坏之分的，有破坏性的是我们拒绝情绪所传达的需求，或者对情绪不恰当的管理方式。

情绪的表达方式

在生活中，我们难免会遭遇到很多事件，事件本身和我们对事件的看法让我们需要和各种情绪打交道，所以当我们出现某种情绪，我们是应该表达，还是不应该表达？如果表达情绪的话，又应该采用哪种方式呢?

不表达 VS 表达

一方面，总是隐藏或压抑自己的情绪可能导致严重的疾病。那些不动声色的人似乎更重视理性和自我控制，试图控制自己的所有感觉和冲动，并且否认苦恼，他们更容易罹患一堆疾病，包括癌症、气喘和心脏病。压抑的情绪并不会消失，反而会转而攻击人体器官。所以在生理层面，懂得如何表达情绪的人要比不知如何表达的人健康很多。

另一方面，过度表达消极情绪的沟通者也会遭受生理上的痛苦。当人们激动地用言语抨击别人时，他们的血压平均会升高 20 毫米汞柱，有些人甚至会升高 100 毫米汞柱之多。所以，健康的关键是学会如何建设性地表达情绪。

除了生理上的好处，有效表达情绪的另一个好处是增进人际关系。自我暴露是一个与人亲密的渠道（虽然不是唯一的），在职场上也是如此。当然，在职场中表达情绪的规则通常要比一般的人际关系更加严格，所以处理上也要格外谨慎。

行为表达 VS 语言表达

当一个人气急了拿起杯子就摔、把门“哐”的一声大力关上时，这就是用行为在表达情绪。当别人用行为来表达情绪，我们是可以感受到他的情绪的。但是用行为传达出的这种情绪，容易被人与失控联系起来，失控让我们产生恐惧。

常常用行为表达情绪的人，在生活中也将承受各种破坏性的结果，比如人际关系变得很紧张。对失控行为的恐惧，让我们很难靠近他们。他们也因为无法用语言来表达情绪，获得更少的理解和帮助，这样就更加剧了他们用语言表达情绪的困难。

当我们能用语言清晰表达出自己的情绪，至少说明自己经历了感受情绪、评估关系的安全度、组织语言表达等心理过程——这时，情绪是可控的。可控让我们觉得安全和舒适，从而更愿意和用语言表达情绪的人沟通交流。

无法用语言表达情绪的原因有很多，比如家庭环境的影响、对情绪的认识不合理、知识结构的问题等。在心理咨询中，心理咨询师常常需要帮助来访者发展用语言表达的能力。当来访者能够用语言表达情绪，就说明他对情绪处理的方式比之前成熟得多，不仅会释放掉他情绪上的压力，也可以促进其人际关系的发展。

社交情绪和情绪的表达

我们要用语言表达情绪，首先要对情绪进行一定的认识，特别是社交情绪。

从生物进化的角度，可把情绪分为基本情绪和复合情绪。基本情绪是人和动物共有的、不学而会的，又叫原始情绪。每一种基本情绪都有其独立的神经生理机制、内部体验、外部表现和不同的适应功能。基本情绪的种类有不同的分法，现代心理学研究中常把快乐、愤怒、悲伤、恐惧和厌恶列为情绪的基本形式。复合情绪是由基本情绪的不同组合派生出来的。例如，人们可以体验到悲喜交加的复合情绪。由愤怒、厌恶和轻蔑组合起来的复合情绪叫敌意，由恐惧、内疚、痛苦和愤怒组合起来的复合情绪叫焦虑。人有基本情绪，又有不同情绪结合起来的各种各样的复合情绪，所以人所具有的情绪是多种多样、纷繁复杂的。

❧ 社交情绪

社交情绪是人际交往中个体的一种主观体验，是个体的社会需要是否获得满足的反映。人的社会需要获得满足，就会产生积极的情绪体验，否则就会产生消极的情绪体验。基本的社交情绪有社交焦虑、嫉妒、羞耻与内疚。

（一）社交焦虑

社交焦虑是一种与人交往的时候，觉得不舒服、不自然、紧张甚至恐惧的情绪体验。社交焦虑的人不仅在现实情境中会体验到焦虑情绪，在离开让他焦虑的情境后，还会在头脑中不断回放当时的焦虑情境，这强化了个体本来就严重的社交焦虑。社交焦虑往往还伴随有生理上的症状，如出汗、脸红、心慌等。

社交焦虑是一种消极的情绪体验，它的形成过程比较复杂。成长过程中经常受挫、缺少社会支持、自我意识感强、自卑、模仿与暗示等都可能强化社交焦虑。

（二）嫉妒

嫉妒是与他人比较，发现自己在才能、名誉、地位或境遇等方面不如别人而产生的一种由羞愧、愤怒、怨恨等组成的复杂情绪状态。嫉妒起源于社会性的比较。研究表明，当人们待在同一间房间里时，他们就已经开始互相打量，比较谁更聪明、谁更好看、谁更强壮等。在这种源源不断的比较中，嫉妒的产生是难以避免的，它让我们认识到自己在社会资源竞争中所处的位置。

（三）羞耻与内疚

1. 羞耻

羞耻是个体因为自己在人格、能力、外貌等方面的缺憾，或者在思想与行为方面与社会常态不一致，而产生的一种痛苦的情绪体验。羞耻的个体往往会感到沮丧、自卑、自我贬损、自我怀疑、绝望等，认为自己对事情无能为力。公开的情境会强化羞耻感，所以个体想要减少羞耻通常会自我孤立，让自己远离他人。

健康的羞耻感是个体心理发展的自然结果，是人适应社会生活、改善自己的一种重要方式；而过少或者过多的羞耻感都是不健康的，都对个体发展不利。研究指出，我们在社会互动中最首要的目标，就是受到尊重和避免尴尬。社会互动中，我们对“他人对自己的看法”的担忧会升高，从而更容易感受到羞耻。

2. 内疚

内疚是个体认为自己对实际的或者想象的罪行或过失负有责任，而产生的强烈的不安、羞愧和负罪的情绪体验。内疚者往往有良心和道德上的自我谴责，并试图做出努力，来弥补自己的过失。

健康的内疚感是心灵的“报警器”，是人类良心的情绪内核，会提醒我们照顾他人的利益和感受，调整人际关系，有利于个体适应社会生活；过少或者过多的内疚感都是不健康的。特别是过多的内疚感是心灵的“毒药”，会使个体长期生活在压力、紧张和痛苦中，不利于身心健康。

《理解羞耻》一书把羞耻和内疚这两个容易被混淆的概念进行了比较，它们有几个主要的区别：

· 内疚与某种行为有关，羞耻与自我有关。

内疚通常是意识到自己做了一种错误的行为。羞耻则是意识到自己（自我）在别人或自己的眼光下是什么样的，通常是糟糕的。内疚者为行为内疚，羞耻者却为自己的存在羞耻。这两件事对一个人的伤害程度显然是有差距的。

· 在内疚状态中的人，会比在羞耻状态中体验到更多的力量。

内疚来源于自己做出的行为，与个体对他人的影响有关。虽然内疚者体会到负面的情感，但还是能感受到对自身的控制感和对别人的影响力。在羞耻感中，一个人的自我意识是“分裂”的——想象当我们处在另一个人的眼光下。个体（我）既是主体也是客体，它虽然有时是负面批判的发起人，但同时也是被批判的对象。羞耻者通常会体会到“我没有能力和价值”。

我们不难看到，这两种体验里，后者显然是更无力的。施害的角色总是比受害的角色更多感受到自己有力量。

· 内疚指向表达，羞耻指向隐藏和攻击。

内疚是指向他人的。一个内疚中的人，他是紧张不安、带有后悔的，他希望坦白道歉，渴望做出弥补行为。因此，内疚更能激发一些行动，也更容易被表达以及被他人识别。

羞耻是指向自身的，羞耻会让人体验到畏缩，所以会有隐藏自己的冲动。在另一些情况下，羞耻感还会引发攻击性行为。因为羞耻感是一种具有很大消耗的情绪体验，它的存在会降低我们控制冲动的能力。为了应对羞耻，个体把内部对于自我的苛责，指向了外界和他人，对外界和他人感到愤怒并加以攻击。我们常常说的恼羞成怒就是这种情况。同时，愤怒并攻击他人会让我们感觉到力量，在个体的体验中要比纯粹的羞耻感好受一些。

值得注意的是，使他人内疚和羞耻，也是人际关系中影响他人的手段之一。因为内疚和羞耻都是让人觉得痛苦的情绪体验，所以当个体被施加内疚情绪时，个体会有负罪的倾向，并想办法进行补偿。当个体被施加羞耻情绪时，个体会有隐藏逃避的倾向，更有可能会去顺从对方。

朋友A周末和朋友出去玩，晚上回来的时候，看到妈妈正在打扫房间。妈妈半抱怨半责备地对她说："也不知道收拾房间，整天就知道出去玩，你知道你妈每天多辛苦吗？也不懂得体谅我，只会给我添麻烦。"她当时很内疚，因为出去玩变成了一件很对不起妈妈的事。接着她妈妈顺势要求她接下来一周哪儿都不去，留在家里帮忙干活，她也只能无奈地答应了。

这个例子里，A的妈妈就用了使A内疚的方式，表明"都是因为A的错，才让自己这么辛苦"。结果是A因为内疚想要补偿，只能答应妈妈的要求。使他人内疚这种操控的手段里，操控者会把自己的责任全部推到别人身上，这显然是不合理的。生活中这种用内疚来操控他人的例子不少，不仅容易发生在亲子关系里，也容易发生在亲密关系里，让人防不胜防。

让他人感到羞耻，从而让其顺从、服从的例子也很多。在一些男权社会里，羞耻常常和女性以及性联结在一起，我们常常会听到一种对女性的评价，比如×××真是不知羞耻。这里的羞耻都用于评价女性的生活作风，其中最典型的就是荡妇羞辱。荡妇羞辱是用来描述使一个人，尤其是女性，为自己的某种性行为或性欲感到羞耻的行为。荡妇羞辱是男权社会使女性服从的主要手段之一，要改变这样的处境，需要男性和女性的共同努力。荡妇不羞耻，羞耻的是荡妇羞辱本身。

❧ 表达你的感觉

回答“你现在的感觉怎么样”这个问题，对大多数人来说并不容易。那些以情感为导向的人非常了解自己的情绪状态，所以当他们在做重要决策的时候能够善用有关情绪感受的信息，满足自己的需求。相比之下，低情感导向的人通常不了解自己的情绪状态，他们倾向拒绝将感觉当作有用、重要的信息。

除了觉察自己的情绪，研究表明，能够辨认自己的情绪也是很有价值的。研究者发现，那些能够准确指出自己所经受的负面情绪（如“焦虑”“生气”“内疚”等）的被试，也都相对能够发展出处理这些情绪的最佳策略。

当产生强烈情绪的时候，我们通常是有感觉的，我们可以观察自己生理的变化、非语言行为、自己的想法和别人给你的反馈来确认这一点。感觉到情绪变化时，我们可以试着用语言描述出来。如果实在不能描述，可以先看看你此时感受到的情绪和四种基本情绪（喜怒哀惧）哪一种比较接近，再试着描述。

情绪不仅有种类的分别，还有强度的分别。情绪的强度有强弱两极。从不满到暴怒，从惬意到狂喜都是从弱到强的两极。在情绪两极之间，还可以区分出不同的强度等级。如从不满到暴怒之间可以区分出生气、发怒、大怒等几种强度等级。从惬意到狂喜之间也可以区分出高兴、欢喜、大喜等几种强度等级。所以，当你体验到愤怒或说生气的时候，你可以试着把情绪描述得更具体。设想你愤怒的满分是 10 级，想想你现在的愤怒可以达到几级。对情绪强度的具体化，对于我们了解自己情绪的阈值、了解自己都是很有帮助的。

建立表达情绪感受的词汇表

大多数人在表达情绪感受时，都苦于情绪词汇匮乏，“还好”“不太好”“很糟”这样的词语很难让人明白我们实际的状况。现在花一点时间看看你能写出多少描述感受的词，在你尽其所能之后，参考以下词汇。

安全、不满、不快、悲伤、不舒服、担心、放松、放心、愤怒、烦恼、高兴、感激、感动、孤独、灰心、昏昏欲睡、精力充沛、焦虑、紧张、沮丧、绝望、寂寞、孤独、快乐、开心、苦恼、困惑、满足、盲目、麻木、难过、平静、平和、疲惫不堪、气馁、凄凉、舒适、伤感、生气、失望、甜蜜、体贴、踏实、温暖、无忧无虑、无精打采、兴奋、喜悦、欣喜、兴高采烈、幸福、欣慰、心旷神怡、喜出望外、心神不宁、心烦意乱、泄气、愉快、忧虑、忧伤、厌烦、郁闷、振奋、自在、着急、震惊

辨识情绪的成分

假设一个情境：你今天上了一天的班，很累，又被亲弟弟拉着出来买东西。买好东西后，你让弟弟开车送你回家，他满口答应，之后却和偶遇的朋友一直聊天。10 分钟过去了，20 分钟过去了，30 分钟过去了……你会有什么样的感受？你可能会回答“生气”。我们再思考一下，真的只有生气吗，是不是还掺杂着一些被弟弟忽视的伤心和失望呢？

大部分时候，我们感受到的情绪不止一种，而是两种或者两种

以上，这就需要我们不断地分辨并认识自己的情绪成分，尽可能地用语言外化情绪，可以帮助你精准识别自己的不同情绪成分。当你一开始尝试把自己的情绪语言化时，你可能会感觉到很大的阻力，因为和别人分享自己的情绪可能会让你觉得丢脸或者不自在，但这是提高情绪识别能力和情绪管理能力的重要步骤。反复练习语言化自己的情绪，可以让你更了解自己的情绪和需要，同时还可以让你和身边的人关系更亲近。

恐惧和我们所恐惧的

读到这个题目的你，是不是也觉得有点恐惧，然后不想看下去？没关系，你可以有点害怕，然后看下去，因为这很重要。

之前有个教授做过这样的实验，他把九个实验对象领到一间黑屋子里，对他们说："你们九个听我的指挥，走过这个曲折的小桥，千万别掉下去。不过掉下去也没有关系，底下就是一点水。"九个人听完，在教授的指挥下迅速通过了小桥。在大家都过去以后，教授打开一盏灯，这九个人往桥下一看，顿时吓了一跳。原来桥下不仅仅是一点水，还有好几条鳄鱼在游动！大家吓坏了，都说："幸好没掉下去，早说的话，我们就不过来了。"教授问谁敢走回去，没人敢走了。教授接着说："现在你们就想象自己走在坚固的铁桥上，用这种积极的心理暗示来暗示自己。"教授劝导了很久之后，有三个人决定尝试着走回来。第一个人过桥的时候颤颤巍巍的，时间比之前多了一倍；第二个人胆战心惊地走到中间，吓得趴下了；第三个人只走了三步，就再也不敢走了。

这个实验说明恐惧情绪影响了人们的行为，所以一开始九个人可以很迅速地过桥，而第二次过相同的桥时，出于对鳄鱼的恐惧，只有一个人顺利过桥。我们不仅会对真实的危险感到恐惧，也会对不危及生命健康的事物感到恐惧，比如，我们会恐惧失败、痛苦、背叛、孤独和恐惧本身。

那恐惧是什么呢？恐惧是人或动物面对现实的或想象中的危险、自己厌恶的事物等产生的惊慌与紧急的心理活动状态。恐惧消耗的心理能量很多，面对恐惧时，我们的大脑会集中全身的资源和能量去应对，所以身体会产生心率改变、血压升高、盗汗、颤抖等生理上的应激反应。

恐惧的对面是安全，我们撇除恐惧的需要就是出于对安全的需要。安全需要属于马斯洛需要层次理论，指人对安全、秩序、稳定以及免除恐惧和焦虑的需要。这种需要得不到满足，个体就会感到威胁和恐惧。它表现为个体都希望自己有丰厚的收入，有一个稳定的工作，希望生活在安全、有秩序、可以预测和熟悉的环境中，喜欢做自己熟悉的工作，等等。如果个体生活在生命财产安全得不到保障的环境中，或者生活在人生地不熟的环境中，从事着自己不熟悉的、对结果没有把握的工作，就容易产生恐惧情绪。

既然恐惧让我们感觉那么糟糕，造物主为什么要让我们恐惧呢？那是因为，恐惧保证了我们的生存。在动物能够感知到的情绪中，恐惧可以说是一种至关重要的情绪。与直接关乎生死存亡的恐惧相比，我们常说的“喜怒哀乐”都可以算奢侈品。不喜不悲的生命或许会缺少色彩，而不知恐惧的后果往往是死亡。羊群对猎豹、狮子、老虎的恐惧，让它们知道要在危险来临时拼命奔跑；而对森林之王老虎来说，悬崖、山火、猎人也都会让它感到恐惧，从而自觉退避三舍。人们对危险情景的判断，比如水、火、电、老虎、狮子、悬崖，以及危险的同类等，也要依靠恐惧情绪的传达，才能集中身体的全部资源解决问题，趋吉避凶。

马斯洛的需要层次理论中，五个层次是一个由低到高逐级形成，并逐级得以满足的。意思是说，只有当我们的生理需要和安全需要都得到满足的时候，我们才有可能去追求更高级的需要，比如爱和归属的需要、尊重的需要和自我实现的需要。

可是对安全的需要也会限制我们追求更高层次的需要，比如爱和归属的需要。爱和归属的需要指人要求与他人建立情感联系以及隶属于某一群体，并在群体中享有地位。社交恐惧的人可能面临着这样的一种冲突：每个人都有爱和归属的需要，可是某些个体因为恐惧人和人际关系，选择放弃了一部分对爱和归属的需要，而受困于自己的安全范围内。我们对失败的恐惧，也阻止了我们对自我实现的需要，因为自我实现的需要指人希望最大限度地发挥自己的潜能，不断地完善自己，完成与自己能力相称的一切事情，实现自己的理想，而我们恐惧失败，所以不自觉地放弃了很多尝试的机会，因为不去做，就永远不会感受到失败。只是我们在恐惧失败的同时，也在抗拒成功。

恐惧对于个体行为的影响

我们为了应对恐惧，通常会发展出两种行为倾向：逃避和对抗。

个体会根据自己的需要和个人特质选择逃避还是对抗，选择逃避时，我们回避某些事情以消除恐惧；选择对抗时，我们做某些事情来应对恐惧。比如，我们很多时候会恐惧失败，所以放弃了很多尝试的机会，这反映了我们应对恐惧的逃避倾向。又如，生活中的大多数人都很恐惧没钱，没钱的恐惧促使我们去寻找一份工作，谋得一份工资收入，这反映了我们应对恐惧的对抗倾向。

恐惧会指导我们的行为，梦想也会指导我们的行为，有的时候恐惧和梦想会指导我们做出同样的行为，但这两种的动机是全然不同的，给我们的感受也不一样。梦想让我们积极拼搏，富有力量，恐惧让我们消极惶恐，软弱无力。比如，对于财富，有些人是因为追求梦想，在追求梦想的过程中积累了大量财富。而另一些人就像《富爸爸穷爸爸》里说的一样，是因为恐惧没钱而积累财富，他们认为钱能消除贫困带来的恐惧，所以他们积攒了很多的钱，却发现恐惧更加强烈了，因为他们又开始害怕失去钱。他们越富有，这种感觉就越强烈。他们灵魂中软弱贫乏的一面总是在大声尖叫，他们不想失去大房子、车子和钱带给他们的“上等”生活。他们甚至担心一旦没钱，朋友们会看不起他们。许多人变得绝望而神经质，尽管他们很富有。

恐惧有时也作为人际关系中一种控制别人、让别人听话的手段。比如，大人会跟小孩子说，你再不听话，坏人就把你抓走了；你现在不吃饭，以后就长不高了。成人之间也会存在这种利用恐惧来控制别人的手段。

如何处理恐惧

我们常常说要战胜恐惧，战胜这个词反映了很多人对于恐惧的态度，即恐惧在我们的对立面。听起来恐惧是我们的敌人，而且很强大。从以上的内容中可以知道，恐惧的力量确实很强大，但它不是我们的敌人。恐惧的出现保证了我们的生命安全，防止我们受到伤害。那么，面对恐惧我们应该怎么办呢？

（一）承认和认识自己的恐惧

我们讨厌恐惧，因为恐惧会让我们丧失力量，感觉弱小，我们讨厌自己表现出一副弱小的样子，所以常常回避自己感到恐惧这个事实。但是，回避只会让我们更恐惧，更惊慌失措。其实勇敢的人也会害怕，一个人虽然害怕却仍敢于前进，这才叫勇敢！只有承认并接受自己会害怕，我们才能认识自己在害怕什么，才能从中汲取力量，获得自我成长的重要信息。

（二）容忍恐惧的感觉

在恐惧的支配下，我们会无意识地做一些防御恐惧的行为，比如攻击、回避等行为。因为我们很难容忍自己停留在恐惧的感觉里，恐惧如同焦虑一样让人痛苦，让我们难以忍受。所以，只有当我们提高容忍痛苦的感觉时，才能管理好自己的恐惧，从而管理好自己的行为。

（三）想象失败和增加自信

在认识恐惧后，我们可以去思考对自己影响最大的恐惧是什么，比如对失败的恐惧。这种恐惧总是出现在我们设想事情会如何不顺的时候。我们对失败的可能性想得越多，就会越害怕。我们可以从两个方向来改变：想象失败和增加自信。比如，你很害怕当众演讲，想象失败就是想象一下你演讲失败后的后果，往最糟糕的方向想，你就会发现最糟糕的结果最多是讲得磕磕巴巴的，然后被朋友或者同事当作谈资，一个月后也就烟消云散了。增加自信的部分，可以参见之后培养自信的章节，主要是从自己以往的成功经验里获得力量。

（四）带着恐惧，向梦想出发

当觉察到自己恐惧之后，与其浪费时间在恐惧、焦虑和犹豫上，不如直接去行动。一直生活在恐惧中，从不追求自己的梦想，这是获益最小的做法。想想自己的梦想是什么，订立可行的计划，带着自己的恐惧来个旅行吧！

面对相同的压力，为什么有些人没事，有些人却走上了绝路?

要解答这个问题，我们得先知道压力是什么。压力是压力源和压力反应共同构成的一种认知和行为体验过程。压力源是现实生活要求个体去适应的事件，压力反应包括个体察觉到压力源后，出现的心理、生理和行为反应。比如，学生在面临期中考试时，紧张焦虑到考试当天一直在拉肚子。其中期中考试就是压力源，拉肚子就是压力反应。

压力源的存在，个体的生理状态、心理背景和社会生存环境，都是产生压力的必要条件，但这些条件本身并不是心理形式的压力。我们经历和体验到的压力，实际上是另一种心理历程，那就是人的内心冲突。从上述意义上说，心理学中所说的压力是人的内心冲突以及相伴随的强烈情绪体验。

我们生活在充满矛盾的世界里：黑和白、好与坏、善与恶、光明与邪恶等，所以随时都会面对各种各样、互不相容、互相排斥的事物。在这样的情况下，我们必须做选择，选择有的时候是简单的，但是有时又很困难。困难的选择造成了内心的冲突，我们左右为难，无所适从，体验到苦恼和焦躁不安。这时，我们体验到压力。

心理学家勒温和米勒根据冲突的形式，将内心冲突分为以下四类：

双趋冲突：当两个对人来说都具有强烈吸引力，但两者又互不相容的事物出现时，人的内心就形成了双趋冲突的局面，用俗话说，就是“鱼和熊掌不可兼得”。

趋避冲突：当一个人想达成一个有吸引力的目标，但达成该目标又有较大危险，这时，便进入了趋避冲突的状态。比如，一个人想结婚，但又害怕承担婚后的种种责任，害怕失去某些自由。

双避冲突：当一个人面临两种不利的情景时，便体验到双避冲突的压力。比如，患有子宫颈癌的女性在面临失去生命还是失去子宫的选择时，便能体验到这种双避冲突。

双重趋避冲突：当两种选择都是既有利又有弊时，面对这种情景，人们就会处于双重趋避冲突中。比如，一个工作工资高但没有发展前途，另一个工作工资不高但发展前景好。当一个人面临这种情况时，不论选择哪个工作，都有利有弊，所以体验到双重趋避冲突的压力。

压力源的种类

按对主体的影响，压力源分为三种类型：生物性压力源、精神性压力源和社会环境性压力源。

生物性压力源是指影响个体生存与种族延续的事件，包括身体创伤或疾病、饥饿、睡眠剥夺、噪声、气温变化等。

精神性压力源是指影响个体正常精神需求的内在和外在事件。包括错误的认知结构、不良体验、道德冲突以及长期生活经历造成的不良个性心理特点等（如受暗示、多疑、嫉妒、自责、悔恨、怨恨）。

社会环境性压力源是指影响社会需求的事件。社会环境压力源又可分为两类：第一类是纯社会性的社会环境性压力源，如重大社会变革、重要人际关系破裂（失恋、离婚）等。第二类是由自身状况（如个人精神障碍、传染病等）造成人际适应问题（如社交焦虑、社会交往不良等）的社会环境性压力源。

❧ 我们是怎么体验压力的

我们要了解为什么每个人的压力反应不一样，首先要理解我们是怎么体验压力的。体验压力的过程主要分为三个部分，对压力的响应、中介系统的增加或消减，以及防御机制。

（一）对压力的响应

在所有客观发生的事件中，并不是每件事都会让我们感觉到压力。只有被我们察觉、与我们生活相关并引起响应的事件，我们才会把它解读为压力。

（二）中介系统的增加或消减

我们遭遇压力的时候，压力并不直接发生作用，而是要经过我们的中介系统进行增加或者消减，增加或消减后的结果才是我们最终感到的压力。中介系统包括三个部分，认知系统、社会支持系统和生物调节系统。这三个系统都有性质相反的两种功能：一是增加功能，使事件增加个体压力的强度；二是消减功能，使事件减少个体压力的强度。

（三）防御机制

当我们适应或调节压力时，我们会把过量的压力控制在一定水平，以维持机体的正常运转。我们会用各种各样的方式来应对这些压力，比如封闭情感、遗忘或者是转移注意力。有时，我们会有意识地做这些事，比如对自己说，“我现在不能想这件事，我得待会儿再来处理它”。但在大多数情况下，我们都是在无意识中做出应对压力的反应的，我们把这种无意识状态下适应压力的方式叫作防御机制。

防御机制通常在小朋友身上观察得比较清楚，比如小朋友打破了杯子，在大人问起的时候，因为害怕被惩罚，他会说不是他打破的。再如，小朋友看到自己吃不到的棒棒糖在别人的手上时，会说棒棒糖不好吃或者棒棒糖是酸的。以上两个例子中，小朋友都使用了防御机制，第一个例子中使用的是否认的防御机制，第二个例子使用的是合理化的防御机制。

作为一个成年人，我们也会经常使用一定的防御机制，一个人个性化的防御机制具有适应性和灵活性。其中，适应性的强弱标准，是看它们在帮助人适应压力的同时是否能较好地保护个体的正常功能。强适应性的防御机制会保护或增强我们的社会功能，而弱适应性的防御机制会阻碍或者牺牲我们的社会功能。例如，你的朋友惹火了你，你对他很生气，那么将他的行为合理化会继续维持你们的友谊，而贬低他会破坏你们的关系。在这个例子中，合理化的防御机制是强适应性的，贬低是弱适应性的。

弱适应性的防御机制有：分裂、投射、投射性认同、病态理想化和贬低、否认、分离、见诸行动和退行等。强适应性的防御机制有：情感隔离、认同、压抑等。最具适应性的防御机制有幽默、利他、升华和抑制等。

值得注意的是，防御机制的适应性并不是绝对的，一种情形下的强适应性机制可能是另一种情形下的弱适应性机制。比如，否认这一防御机制能够使战争时期的幸存者在紧要关头摆脱恐慌，但一个人对于自身疾病的否认会妨碍其及时得到医治。人在极端的情况下会尽其所能来适应压力，甚至采用弱适应性的防御机制，因为个体需要它的帮助来度过生命的这一段困难时期。

一个防御机制再好用，再能有效地处理压力，它也不能适用于所有有压力的情形，所以我们需要使用不同的防御机制应对不同的情形。不能灵活使用防御机制的人通常显得控制欲强、难以相处，比如总是力求在争论中获胜的人或者不分场合开玩笑的人，都在使用僵化单一的防御机制。

我们回到题目中的问题，“面对相同的压力，为什么有些人没事，有些人却走上了绝路？”

笼统地说，是因为我们每个人的情况都不一样。具体来说，因为我们每个人对压力事件的认知、对自我能力的认知、人格特征、防御机制、社会支持系统的功能和生物调节系统的种种不同，所以即使是面对同样的压力事件，我们的应对方式也是不同的。

所以，如果我们想提高自己应对压力的水平，应该从以下方面着手：提高自己的自信和能力水平、改变对压力事件的认知、建立亲密信任的关系、灵活地使用高适应性的防御机制，以及积极地锻炼身体。

如何合理地管理情绪?

周日的一个早晨，地铁里，乘客们都静静地坐着，看手机的看手机，睡觉的睡觉，偶尔有两个说话的，也是轻声细语。这时候突然上来一个男人和两个小孩，孩子的哭闹声破坏了整个气氛。不巧，这个男人连同那两个孩子坐在了你的旁边。无论孩子如何撒野作怪，男人始终无动于衷。这个时候，你是什么感受？会不会觉得有点生气，毕竟他们太吵了，打扰了你本来想要小睡一会儿的计划。

两个孩子依旧吵闹，你忍无可忍了，跟那个男人说："不好意思，能管管你的孩子吗，真的太吵了。"那个人抬起眼来看你，如梦初醒般轻声说："是啊，我是该管管他们。他们的母亲一小时前过世了，我们刚从医院出来。我手足无措，孩子们大概也一样吧。"听到这里，你是什么感受，还会生气吗？我想你一定同我一样，一下子就能理解孩子们为什么哭闹了。这时你的情绪里没有生气，只有理解和一些悲伤。

为什么对同样一件事，我们的情绪感受会发生如此大的变化呢？那是因为很多时候，引起人们情绪困扰的并不是外界发生的事件，而是人们对事件的态度、看法、评价等认知内容，这就是合理情绪疗法的基本原理。

合理情绪疗法（Rational-Emotive Therapy，RET），也称“理性情绪疗法”，是心理咨询师帮助求助者解决因不合理信念产生的情绪困扰的一种心理治疗方法，属于认知行为疗法。

合理情绪疗法由美国著名心理学家艾利斯于 20 世纪 50 年代创立，其理论认为引起人们情绪困扰的并不是外界发生的事件，而是人们对事件的态度、看法、评价等认知内容，因此要改变情绪困扰不是致力于改变外界事件，而是应该改变认知，通过改变认知，进而改变情绪。他认为外界事件为 A，人们的认知为 B，情绪和行为反应为 C，因此其核心理论又称 ABC 理论。

关于不合理信念，心理学家艾利斯通过临床观察，总结出日常生活中常见的产生情绪困扰的不合理信念，快来看看你有没有吧！

· 每个人绝对要获得周围环境尤其是生活中每一位重要人物的喜爱和赞许。

看到这句话，你有没有想到生活中的某一位重要人物？这个人可能是你的父母，可能是你的爷爷奶奶，也可能是你的某一位老师，等等。这个观念实际上是个假象，是不可能实现的事。因为在人的一生中，不可能得到所有人的认同，即便是父母、老师等对自己很重要的人，也不可能永远对自己持一种绝对喜爱和赞许的态度。因此如果一个人坚持这种信念，就很有可能会历经千辛万苦，委曲求全以取悦他人，试图获得每个人的欣赏；但结果必定会使他感到失望、沮丧和受挫。

· 一个人是否有价值，完全在于他是否是个全能的人，即在人生中的每个环节和方面都能有所成就。

这也是一个永远无法达到的目标，因为世界上根本没有十全十美、永远成功的人。一个人可能在某方面较他人有优势，但在另外方面却可能不如别人。虽然他以前有过许多成功的境遇，但无法保证在每一件事上都能成功。因此，若某人坚持这种信念，他就会为自己永远无法实现的目标而伤悲。

· 世界上有些人很邪恶、很可憎，所以应该对他们做严厉的谴责和惩罚。

这句话的成分很复杂，比如：

①承认了自己对这些“邪恶”的人有绝对优势的地位，有权力惩罚他们，事实上没有人有权力去惩罚别人。

②认为自己不能变成坏的人，所以也就不能接纳自己身上有坏的部分，那么一有坏的部分，就会归结到别人身上去（投射）。

世上既然没有完人，也就没有绝对的区分对与错、好与坏的标准。每个人都可能会犯错误，犯错误是不可避免的。因此，不应因一时的错误就将他们视为“坏人”，以致对他们产生极端排斥和歧视。

· 如果事情非己所愿，那将是一件可怕的事情。

事情都有其发展的客观规律，不可能所有的事情都按我们的意愿而发展。事情朝着我们不希望的方向发展，确实会令我们不舒服，但是我们可以尽力改变其发展方向。同样也要能接受即使我们努力，也可能不会达成心愿的事实，这是我们的局限性，也是整个人类的局限性。

· 不愉快的事总是由于外在环境的因素所致，不是自己所能控制和支配的，因此人对自身的痛苦和困扰也无法控制和改变。

外在因素会对个人有一定影响，但实际上大多数情况并不像自己想象的那样可怕和严重。如果能认识到情绪困扰之中包含了自己对外在事件的知觉、评价及内部言语的作用等因素，那么外在的力量便可能得以控制和改变。

· 面对现实中的困难和责任是件不容易的事情，倒不如逃避它们。

面对困难和责任确实是件不容易的事，但是逃避虽然可以暂时缓和矛盾，却不利于问题的根本解决。时间一长，问题便也会恶化或连锁性地产生其他问题和困难，从而更加难以解决，所以逃避困难和责任并不是明智之举。

· 人们要对危险和可怕的事随时随地加以警惕，应该非常关心并不断注意其发生的可能性。

对危险和可怕的事物有一定的心理准备是正确的，但过分忧虑是非理性的。因为坚持这种信念只会夸大危险发生的可能性，使人不能对危险做出客观评价，不能正确面对危险。这种杞人忧天式的观念只会使当事者的思想负担更重，以至于不能过好当下的生活，得不偿失。

·人必须依赖别人，特别是某些与自己相比强而有力的人，只有这样，才能生活得好些。

虽然人在生活中的某些方面要依赖别人，但过分夸大这种依赖的必要性可能使自我失去独立性，失去对关键能力和价值的培养。如果你没有价值和能力，即使你想依赖对方，这种依赖也很难长久。

·一个人以往的经历和事件常常决定了他目前的行为，而且这种影响是永远难以改变的。

以往的经历和事件确实是无法改变的，但是不能说这些事就会决定一个人的现在和将来。因为事件虽不可改变，但对事件的看法却是可以改变的，同时我们也会增加新的经验和经历，这两样也会改变之前经历和事件对我们的影响。

·一个人应该关心他人的问题，并为他人的问题而悲伤、难过。

关心他人，富有同情心，这是应该的。但如果和他人靠得太近，过分投入他人的事情，就可能因为别人的问题影响到自己的生活。自己的生活都会被影响，又何谈帮助他人解决问题呢。

·对人生中的每个问题，都应有一个唯一正确的答案；如果人找不到这个答案，就会痛苦一生。

人生的每一个问题都会有解决的方式和答案，但是通常这种答案不是唯一的，而是多种多样的。如果把人生的答案看成唯一的，那么就会对自己和别人百般苛刻，因为唯一代表了一种近乎完美的渴求态度，会损害我们和他人的关系，也会损害我们的人生。

从以上非理性信念中，可以归纳出相应的非理性思维方式。例如，我喜欢如此→我应该如此；很难→没有办法；也许→一定；有时候→总是；某些→所有的；我表现不好→我不好；好像如此→确实如此；到目前为止如此→必然永远如此；等等。从中可以看出，许多不合理信念就是将“想要”“希望”等变成“一定要”“必须”或“应该”。一个情绪沮丧的人总是坚持他必须有某事物，而不只是想要或者喜欢它而已。因此，他便会把这种过度极端化的需求应用到生活的各个方面，尤其是关于成就和获得别人赞赏上，而当他不能满足这种需求时，就容易产生焦虑、自卑、沮丧等情绪；如果他将这种需求应用到他人身上，要求对方应该或必须怎样做时，当他人不能令他满意时，他就会对他人产生敌意、愤怒等情绪。

许多学者对上述不合理信念进行了归纳和简化，指出绝对化的要求、过分概括化以及糟糕至极是这些非理性信念的三个主要特征。

绝对化的要求是指个体以自己的意愿为出发点，认为某一事物必定会发生的信念。这种不合理信念的特征通常是与“必须”和“应该”这类词联系在一起，如“我必须得成功”“别人必须友好地对待我”，等等。这种绝对化的要求通常是不可能实现的，因为客观事物的发展有其自身规律，不可能依个人意志而转移。人不可能在每一件事上都获得成功，他周围的人和事物的表现和发展也不会依他的意愿来改变。因此，当某些事物的发生与其对事物的绝对化要求相悖时，他就会感到难以接受和不适应，从而极易陷入情绪困扰之中。

过分概括化是一种以偏概全的不合理信念，就好像以一本书的封面来判定书的好坏一样，典型特征是以某一件或某几件事来评价自身或他人的整体价值。例如，一些人面对失败的结果时常常认为自己“一无是处”或“毫无价值”。这种片面的自我否定往往会导致自责自罪、自卑自弃的心理以及焦虑和抑郁等情绪。而一旦将这种评价转向他人，就会一味地责备别人，并产生愤怒和敌意的情绪。针对这类不合理信念，合理情绪疗法强调世上没有一个人能达到十全十美的境地，每一个人都应接受人是有可能犯错误的。因此，应以评价一个人的具体行为和表现来代替对整个人的评价，也就是说，“评价一个人的行为，而不是去评价一个人”。

糟糕至极是一种把事物的可能后果想象、推论到非常可怕、非常糟糕，甚至是灾难性结果的非理性信念。如一次重要的考试失败后就断言“自己的人生已经失去了意义”，一次失恋后就认为“自己再没有幸福可言了”，几次求职失败后就恐慌“自己今后再也找不到工作了”，等等。对任何一件事情来说，都可能有比之更坏的情况发生，因此没有一种事情可以被定义为百分之百的糟糕透顶。当人们坚持这样的信念，遇到了他认为糟糕透顶的事情发生时，就会陷入极度的负面情绪体验中。针对这种信念，合理情绪疗法理论认为，虽然非常不好的事情确实可能发生，人们也有很多理由不希望它发生，但人们却没有理由说它不该发生。因此，面对这些不好的事情，人们应该努力接受现实，在可能的情况下去改变这种状态，而在不能改变时学会如何在这种状态下生活下去。

除了以上三种不合理信念，还有一种生活中让我们陷入糟糕人际关系的不合理信念，叫作“反黄金法则”。首先需要介绍人际交往中的“黄金法则”是什么，“黄金法则”是指“像你希望别人怎么对你那样去对待别人”，换句话说就是，你希望别人怎么对待你，你就应该怎么对待别人。比如说，你希望别人对你友善，那么你需要主动对别人友善；你希望别人对你真诚，那么你需要主动对别人真诚。在生活中，人们常常错误地使用了这条定律，变成了“反黄金法则”，反黄金法则是“我对别人怎样，别人也应该对我怎样”。比如“我对别人好，别人就必须对我好”“我喜欢她，她就必须喜欢我”，可是他们却做不到“必须对别人好”“必须喜欢别人”，这样的矛盾也就说明“反黄金法则”是不合理的。

人生是一个很复杂、不断变化的过程，我们的观念和认知，一部分来自我们本身个人特质，一部分来自原生家庭的影响，还有一部分来自后天环境的塑造。我们的人生中会伴随着以上三种不合理的信念和“反黄金法则”，这是难免的，只不过有的不合理信念对我们的影响比较深，伴随的时间比较久，有的在我们的生活里鲜少出现。重点是我们首先要认识到自己身上确实会有这样的状况出现，认识到这些不合理信念在阻止我们去靠近我们的需求和认为重要的人，给我们的生活带来麻烦和苦痛，然后我们得去改变。

第四章

关系是联结每个人的网

如果你不用我喜欢的方式来爱我，我便感受不到你的爱

有一年的国庆假期，我妈在我租的地方住了两天，刚来的晚上我们就吵了一架。为什么呢？为了争论在哪里吃饭。

我妈坚持要在我租的房子里做饭吃，我坚持要出去吃。她生气的点在于我知道她要来，竟然米都没买，觉得我不重视她。我的想法是你好不容易来了一次，我们就去外面吃好了，不要纠结什么米不米的，就这样我俩吵了起来。事情的结果就是我妈出去买了米做了饭吃，脸色才稍微好看了点。

我妈回去之后，我一直在想这次吵架的中间到底发生了什么事情。是我妈坚持在家里做饭吃，因为我没买米而生气错了呢，还是我坚持出去吃错了呢。我想了很久，觉得谁都没错。那为什么会吵架呢，因为我和我妈表达爱和感受爱的方式是有差异的，再加上没有进行有效的沟通。

我妈觉得如果我这个女儿关注、关心她的话，就应该知道她不喜欢在外面吃，知道在她来之前最起码要把米买好。我的感受是好不容易来一次，我们就去外面吃好了，不用那么辛苦地做饭吃。在这个问题中，其实我忽略了很多我妈之前一直在跟我透露的她不喜欢在外面吃的信息，如果我意识到了这点并遵循这一点做事，就不会吵架。而我想出去吃也是好意，如果我妈体谅到我这一点，也不会吵架，可惜这两方面我们都没有做到。

实质上就是我想用出去吃这种方式向我妈表达我爱她，但是我妈并没有感受到我（这种方式）是爱她的，反而引发了冲突，我向我妈表达爱的方式是失败的。

生活中这样的冲突其实很多，容易发生在父母和儿女之间，也容易发生在伴侣之间。讲到这，我又想起了另一个例子，就是有时候给我妈买东西，会发生我妈不领情的状况，她会表现得很挑剔或者觉得浪费。可我觉得，我给你买东西，你就应该愉快地收下啊，你这样不领情，那我下次不给你买了。在这个例子中，实质上是我想用买东西的方式向我妈表达我爱她，我惦念着她，可是我妈并没有感受到，所以她会挑剔，然后我觉得自己的感情受到了伤害。

这种冲突的关键在于我们其实很少去和父辈沟通自己需要的爱的方式。所以可能出现的情况是：一方在向另一方表达爱意的时候，另一方觉得你没有用我想要的方式表达，所以我不想领情。而表达的一方觉得，我已经在用“最好的方式”来表达我爱你，为什么你不领情，我觉得很失败，也很寒心。

这里面其实藏着一个“想当然”的状态，就是我对你好，你就必须全盘接受，不然你就是在否定我。现在想想，这就是一种“绝对化”的要求，一种不合理的信念。绝对化的要求是指个体以自己的意愿为出发点，认为某一事物必定会发生的信念。这种特征通常是与“必须”和“应该”这类词联系在一起的，如“我必须成功”“别人必须友好地对待我”，等等。这种绝对化的要求其实很好被攻破，只要指出不合理之处就可以了。比如，在我之前的那个例子里，我的想法是“我对你好，你就必须全盘接受”，推己及人的话，就是“别人对我好，我也必须全盘接受”，我做到了这一点吗？我回想了以前的经历，没有做到，所以要求别人做到是不合理的。

而我们对别人好的方式实质上是什么呢，是一种投射、一种关注自己的方式，表达的是我希望你也用这种方式来对待我。但是在这种“施与受”的过程中，却没有真正关注对方需要的是什么。

朋友身上发生的一件事也很有代表性。朋友是女生，一个男生在追她，给她送来一个榴梿。那个男生自己很爱吃榴梿，可是他不知道对方不是很喜欢吃。朋友把榴梿带回宿舍和舍友分享，结果她的舍友也没有一个喜欢吃榴梿的，最后榴梿大部分被浪费了，朋友其实也不开心。

所以，如果你真的很想向你眼前的这个人表达你爱他，不妨暂时放下你的固执，放下你的投射，去仔细倾听他的需求是什么，用他要的方式来表达，这样他才会真正感受你对他的爱意。

爸妈，别再担心我了

· 你再不找男朋友，等你老了，就没人要了！

· 你再不生孩子的话，就生不出来了！

· 什么，你要把公务员的工作辞掉去创业？你会饿死的！

这些话是不是听着很耳熟？我们很多人可能从父母那儿听到过这些内容。听到这些话后你的感觉是怎么样的？反正我是更加焦虑了。一方面，焦虑确实会削弱我继续以上行为的动力；但另一方面，我真的对父母说的这些话感到厌烦。在我实在听得不耐烦，和父母争辩的时候，父母会说，你这孩子是什么态度，我们这是在关心你啊。但这些“关心”的话，听起来却像是在诅咒，潜台词似乎是：

· 老了就没有人要了，变相地在说我们老了就没有价值了。

· 不管生育意愿如何，年纪大了身体不健康，生不出来孩子。

· 如果放弃了父母给规划的职业就会饿死，变相地在贬低我们的价值。

当然，当父母搬出他们在关心我们这套说辞的时候，我们很难反驳。因为这个时候我们的感受是很混乱的，一方面，父母说的那些话确实让我们心里很不舒服，想去反驳。另一方面，当父母说他们是在关心我们的时候，关心这个词让我们觉得和父母的距离拉近了，断裂的链接重新又连了起来，同时也让我们对自己刚才的感受和所做的行为感到内疚。

停，让我们先停住这种内疚的感觉，先理清楚一个重要的问题，这种担心真的等于关心吗？其实不是。我关心你，意味着我可以把注意力放在你在意的事情上，我愿意放下对自我的关注而支持你完成你的愿望。而我担心你，意味着我的注意力放在了自己被影响的情绪上，怕你的“冒险”会让我焦虑。所以我向你施加压力，阐释我对你即将要做的事情的担心和焦虑，希望你不要去做，自然我就不会为你的“冒险”而感到焦虑。

我们前面说的这些父母的担心，很多时候是当孩子做出一些不符合父母人生经验的选择时，父母焦虑的结果。这里面焦虑的成分也很复杂，有对孩子挣脱自己视野和控制的焦虑；有对如果孩子变化过大，自己被抛弃的焦虑；有对如果孩子失败，会牵连自己生活的焦虑；还有属于父母本身的人格上的焦虑。

或许可以这样说，很多时候父母承担焦虑的能力远不如孩子，所以他们需要把孩子变得更焦虑。我们要知道的是，父母并不是万能的，他们有其经验的局限性，也会有无力承担焦虑的时候。比较典型的例子是大部分的孩子对父母“报喜不报忧”，不是孩子不愿意和父母分担忧愁，而是很多父母只要知道孩子遭遇了困境都会焦虑和干预。这种干预行为的实质就是父母看不得孩子受苦，耐受不了那种自己什么都不做的焦虑，所以忍不住想要去干涉。可是大部分孩子此时需要的并不是帮忙，而是父母的理解宽慰，以及告诉孩子他是有力量，是可以战胜困境的。

讲完了这种“担心”，我们来说说另一种担心。曾奇峰老师曾经在精神分析课程上说过他的故事：

任何人看到我的母亲对我和我哥哥的态度，都会觉得她是百分之百爱我们的，但是这并不是说她潜意识里没有对我们的“恨”。比如，如果我们非常健康、远走高飞，就会让她在潜意识层面觉得她被抛弃了。所以她这一辈子都在担心一件事情，就是我的身体是不是健康，别的方面她真的不担心，比如说学习，她从来没有因为学习的事情而苛责我。我小时候，如果不愿意上学或者是某一科成绩下滑，她从来都不担心。

但是她非常担心我是不是健康，即使是在现在，我已经这个年龄（40+）了，她还是非常担心我的健康和安全。在一个寒冷的冬季里面，无论是我见到她，还是我每天给她打电话时，她都会跟我说：“别感冒了，别感冒了，别感冒了。”而且每一次都要说不止三五遍。有一次她打电话给我的时候，又说了好几次“别感冒了”。接着我就用鼻音跟她说（因为我当时的确感冒了）：“妈，我现在真感冒了，而且非常严重，话都说不出来了。”我母亲在电话里面的反应就是哈哈大笑，哈哈哈哈，给我的感觉好像是她因为预言的某件事情变成真的了而开心。然后等她一阵愉快的笑停下来后，又紧跟着来了一句“感冒就感冒了，就别再中风了啊”。

不知道你们这个时候是什么感觉，我反正是汗毛都竖起来了，毛骨悚然。我并不想中风这件事变成现实，所以我一边跟着她也笑了几声，一边说：“妈，你的嘴巴是很灵的，一般你说什么都会实现。比如说，你说要我别感冒了，然后感冒两个字就进去了，我现在严重感冒。你如果再每天说几次中风的话，那我肯定会中风的。”我母亲可能潜意识里也听到了我在意识层面上的回应，所以她说“好好好，那我以后不再说了”。一直到现在，我妈也再没有重新提到过这个，这让我感觉到她意识层面上对我有很多很多的爱，而且这个爱可以抵消她内心里面她自己不能觉察的那种希望我生病的“恨”。

看到这里，你是不是安心了一些，原来我们长久以来感受到的被父母“恨”的感觉是真的。你可以难过一会儿，没关系。当然你也可以“恨”父母，可是“恨”本身也很辛苦。

大多数父母只能够意识到自己对孩子的爱，而不能感觉到对孩子的“恨”。因为“恨”孩子会让作为父母的他们内疚，同样我们也很难“恨”父母，“恨”父母也让作为孩子的我们很内疚。但是父母能觉察到自己对孩子有适当的“恨”，这对孩子和父母都是有好处的。觉察到的这种“恨”会让父母拉开和孩子的距离，因为知道自己“恨”孩子，所以他们能更好地管理“恨意”，分清楚到底哪些是孩子的需要、哪些是自己的需要，而不是以爱的名义勉强孩子。而不能察觉到的父母就很难管理自己对孩子的“恨”，这种“恨”通常没有经过意识而直接体现到了行为上。

看到这里，你是不是想现在立刻打电话给父母，指出他们其实是“恨”你的这个事实。相信我，你们的父母肯定是一脸蒙的，接着他们会很伤心，因为他们真的意识不到这个部分。而且在他们心中，除了这一小块的“恨意”，还有广阔的他们对你的爱，我们需要的是让他们意识到自己的行为和真正的关心你是有冲突的。

曾奇峰老师的故事提供了一个样板，你可以在下一次父母担心你的时候试一试曾老师的句式：爸爸（妈妈），您的嘴巴是很灵的，一般您说什么都会实现。比如说，您说要我别 ×× 了，然后 ×× 这几个字就进去了，然后我就真 ×× 了。您如果再每天说几次 ×× 的话，那我肯定会 ×× 的，我知道您心里是不希望我 ×× 的。

当然，更重要的是你现在要开始学习如何用正确的方式爱自己、爱他人。如果以后成为别人的父母，也请你做一个不一样的父母，不仅会爱孩子，也会适当地“恨”孩子，这样才对得起一路以来这么辛苦的你。

恋爱中的边界

我那个从没恋爱过的好友最近相亲认识了一个男人，听起来好友对那个男人挺满意的，她很开心，我也很替她开心。有一次，好友找我聊天。

好友：英英，你说他怎么还不跟我表白啊？

我：才一个月不着急啊，或许他慢热呢，等到两个月的时候再说。

好友：英英，你说我是不是应该矜持点？

我：为什么要矜持啊？

接着我好友就给我发了几张和相亲对象聊天记录的截图，我看了看，果然发现了问题。聊天记录如下：

好友：我妈今天包了汤圆，味道不错，我拿点儿给你吧。

相亲对象：什么口味的？好的。

好友：今晚是不是太迟了？

相亲对象：你的意思是说我去你那儿取？

好友：我送过去啊。

相亲对象：太晚了，你出来不安全。我明天下班，再去你那儿取。

好友：没事，我晚上出门不化妆，很安全。我爸送过去也可以。

相亲对象：太麻烦了，我自己去跑一趟。

好友：明天再看你有没有时间。

很多没谈过恋爱的人可能出现将恋爱对象完美化的状况，会因为一些小细节就否定了恋爱人选，不愿意再接触下去。所以我在知道她一直都没有谈过恋爱的时候，就劝她早点谈恋爱，多接触异性，也是希望她早点从完美化的状况中出来，接触真实的恋爱。

但从聊天记录中我发现，好友现在的问题不在于完美化，而在于边界不清，在亲密关系里边界不清晰。她想要把自家的汤圆拿给相亲对象，却不问他需不需要。如果一个不熟的朋友没有问你需不需要，就要送你东西，而且是那种立刻让你下楼来拿的，你会有什么样的感受？我想大多数人会觉得不太舒服，感觉自己的边界被别人侵犯了。

人际关系中的边界是指个人建起来的身体的、情感的、精神的界限，以此来分辨什么是对自己重要的、合理的、安全的，别人如何对待自己是可以被允许的，以及当别人越过这些界限时自己该如何应对。

边界不清的人分不清楚什么是别人应该做的事，什么是自己应该做的事，他会把自己的需求当成别人的需求，然后帮别人做决定。比如，在我好友的例子里，好友觉得自己要吃汤圆，相亲对象也一定要吃，就自己决定了，要给相亲对象送汤圆。但是她忘了一件最重要的事情，她不是他，她并不能代替他做决定。边界不清不仅容易发生在恋人之间，也容易发生在亲子之间，有很多父母以“我是为你好”来干涉孩子的人生选择。

还有一种人际边界不清楚的类型是完全依赖于别人做决定，这类人像一个影子一样，缺乏意志和思想，只是随行者。

边界不清楚的人还容易出现一种情况，他在遭受到他以为的拒绝或者他在别人提醒下知道自己不太“正常”的时候，通常会从一个极端到另一个极端，从倾向和另一个人变成一体（完全帮别人做决定或完全跟随别人）到完全孤立那个人。归根到底，还是因为他不清楚和别人相处的边界在哪里，没办法用一种恰当的方式去处理关系，结果很容易伤害关系。

在我们的社会文化环境里，很多人希望自己和朋友、父母、孩子、伴侣是一体的，没有你我之分，但这是不合理的，意味着我们彼此不能独立和尊重。或许我们不愿意看到边界的存在，是因为我们很难面对这样的事实：人生而孤独。我们既没法让别人承担我们的命运，也没法承担别人的命运。我们所能做的只有做好自己的事情，照顾好自己的生活，然后让他人做好他们的事情，照顾好他们自己的生活。边界把我们分割成了独立的个体，有时候，为了摆脱这种孤独感，我们会尝试越过边界，去跟人建立更紧密的关系，分享更多彼此的生活。但最终我们会发现，边界是客观存在的限制，你不尊重它，就可能被它伤害。

在好友的聊天记录里，我还发现她没有亲疏远近的观念，亲疏远近也是边界的相关内容之一。怎么能让自己的爸爸去送东西给相亲对象呢，这不仅会在相亲对象那里压低自己爸爸的位置，也会让相亲对象觉得对好友来说，他比她爸爸还重要。

我们要知道，关系这件事情是有亲疏远近的，而关系的重要性也是根据亲疏远近来决定的。我们在婚前需要处理的几种关系无非是：和自己的关系、和父母的关系、和男友的关系、和朋友的关系。那么，如果按照你心中的重要性排序，你会如何排呢？

我的排序是：和自己的关系、和父母的关系、和男友及朋友的关系。通常来说，这样的顺序比较稳定，也比较健康。序位里容易让人纠结的两点在于：第一，如果我是一个恋爱大过天的人，一谈恋爱，恋人就是第一位，怎么办？第二，如果我和父母的关系不好，父母只能排到第三位，怎么办？

我们先来说第一点，那些容易恋爱大过天的人有一个很显而易见的问题，就是在他们的头脑中，根本不是在和眼前的这个人在恋爱，而是早就穿越到未来，和这个人结婚生子，过着美满幸福的生活了。这是他们把对方看得那么重要的原因，已经把恋爱对象看成生命的另一部分了。纠结第一点的同胞们，麻烦你们醒醒，请你活在当下，活在和对方谈恋爱的这一刻。对方现在只是你的恋人，至于以后会是你的谁，结果还未可知。所以请你活在当下的关系中，做当下应该做的事情，停止对未来的幻想，认清你们俩关系所处的位置，这不管是对你，还是对恋人，都是有好处的。

至于第二点，把父母排到第三位当然可以。但是很重要的一点是，尽量不要在恋人面前透露你父母糟糕的一面，无伤大雅的可以聊，但是那种伤筋动骨的，比如痛诉父母对你怎么不好、品性如何恶劣的，在关系很深入之前，就不要说太多了。因为在外人心中，特别是在恋人眼中，你和你父母就是一个整体，你说你父母不好，对方会觉得，嗯，你父母确实不好。但是他可能在心中藏了个“可是”：“可是你是他们的孩子，应该也好不到哪里去吧。”当然，这个在你们浓情蜜意的时候是体现不出来的，可是当你们吵架、与对方产生矛盾，说一些想刺伤对方的话时，难保男友不会想起来你告诉他的关于你家的种种。相信我，你不会希望有“我把你当作我最信任的人，你怎么能拿这种来伤害我”的这种痛悟。

保持边界、保持对人际关系亲疏远近的认知，这在亲密关系中是很重要的，需要不断地学习。最终你会发现，边界和亲疏远近并不是只会限制你，也可以保护你。

为什么有些男人只爱“坏女人”？

前几天，一个网上认识很久的朋友跟我咨询感情上的事情，我觉得他的故事很有代表性。经他的允许，跟大家分享如下：

这个朋友简称L，我和L七八年前认识于一个QQ群里。当时的群虽然只有二十几个人，但是一直很热闹，很多时候我们从白天聊到晚上。我们是网友，但彼此很熟悉，当然也会聊感情方面的一些事情，但是很少听L聊自己的事。后来他跟群里的一个女孩子谈起恋爱来，那个女孩刚上大二，是第一次恋爱，我们都很祝福他们这段感情。但是没多久之后，我就听说他们分手了。再之后我因为一些事情退群了，和他们这些群友就慢慢淡了。

所以L在QQ上找我的时候，我还是有点惊讶的。秉着好奇又八卦的本性，我说了声“我在”，然后就听到了L的故事。

L今年30岁，有房有车，长得也不错，很能吸引女孩的目光，到现在已经谈过七八次恋爱了。但是奇怪的是，L一直以来选择的恋爱对象都是那些很爱泡酒吧、男朋友很多的女孩子，当然除了之前群里那个女孩子。L也跟我承认，一开始他就是想和她们玩玩儿，想着之后慢慢冷淡就算了，只是事情都出了意外。因为他对这些女孩子都无一例外动起真格的来了，做起了“二十四孝男友”，包接包送，随叫随到。再后来，他开始要求女友不再出去玩，一来二去就闹出了矛盾，女友不愿意遵从他的要求，之后就都分手了。

L说，他每次分手都很痛苦，想着我原来在群里的时候分析过别人的感情经历，觉得很有启发，所以找到我，希望我给他些建议。听完之后，我是觉得很奇怪，为什么L喜欢的都是这一类型的女孩子呢，这种状况应该和他自己小时候的经历有着密切的关系。

L小时候，他的爸妈离婚了，他一直和妈妈住在一起。妈妈那个时候经常换男朋友，还会把男朋友带回家，难免有时候就疏忽了L。对于这一切，L时有抱怨，却不能改变什么，他就在这样的家庭环境中慢慢长大了。

听到L的童年经历，我们可以想象一下在那样的情境下L作为一个孩子的感受。L对妈妈会有愤怒和挫败感，第一个愤怒是觉得，外面的那些男人比自己这个儿子对于妈妈来说更重要，觉得妈妈不爱他。第二个愤怒在于不理解妈妈为什么一直在换男朋友，觉得妈妈太风流，而自己却不能改变现状，无能为力。就这样，L还没从被爸爸“抛弃”的打击中恢复过来，又遭到了来自妈妈的“挫败”。

L在长大之后寻找的恋爱对象，在我看来都是和他妈妈很相似的类型。实际上他在无意识地寻找世界上的另一个“妈妈”，重复小时候的情景，只不过这一次他希望用他自己的力量去改变这个“妈妈”，让这个“妈妈”不再风流，放弃外面的花花世界来专心致志地爱他，这样他才有可能从小时候被母亲忽视的伤痛中走出来。而之前群里和L谈恋爱的那个女孩实际上并不满足L对恋爱对象的潜在要求，说白了就是她不够“坏”，自然L在她身边也待不久。这就造成了一个奇怪的现象，L没有办法和一个“好”女孩恋爱，即使在一起了，他也待不久，他只能爱上“坏”女人。

这种现象称为“强迫性重复”，个体不断重复一种创伤性的事件或境遇，包括不断重新制造类似的事件，或者反复把自己置身于一种“类似的创伤极有可能重新发生”的处境里。我们小时候遭受的创伤，并不会随着长大而消失，会一直藏在我们的心里。在感情方面，创伤可能会促使我们选择某一类型的人进行深入而强烈的互动，这种类型的人通常具有我们成长中重要人物（如父母）的心理特征，让我们不由自主地与他们发生或爱或恨的关系，重现童年的创伤经验，就像L会不自觉地爱上和妈妈同类型的女人一样。

如果在重复的经验中，我们获得了成功经验，比如说L凭借女朋友对自己的爱，或多或少改变了女朋友风流爱玩的行事方式，那么L就很有可能借由与女友关系中的成功经验，修复并弥补小时候在妈妈那儿所受的创伤。但是如果在重复的过程中，我们一直没有获得成功经验，我们就会一直选择重现伤痛，直到有成功经验。

强迫性重复这种机制的最终目标是用现时的成功经验覆盖个体小时候的失败经验，从而修复并弥补个体曾经的创伤。但是必须说，这种机制虽然提供了解决创伤的可能，却也会给当事者带来巨大的痛苦，比如，L选择不断地重现小时候的伤痛，因为长大后也没有成功经验，所以他还在不断被这些失败的创伤经验伤害着。同理，那些常常喜欢上“坏”男人的女孩子，我们去深究她们的童年，大部分也会发现类似的经历。

精神病学家贝塞尔说，要想修复过去的创伤，个体必须和其他人建立起安全紧密的关系。在建立起这样的关系后，个体能够逐渐用新的视角观察身边的人和事，在这个过程中学习和尝试使用新的行为模式，从而带来新的关系。当他们建立了一段安全的关系，有了这段关系作为安全感的底线，就得以探索过去发生了什么和现在发生着什么，得以认识源头的创伤。安全的关系是人们回到源头创伤的前提。一些人能够在生活中幸运地遇到可以与之建立安全关系的人，自然地完成自愈和成长。而更多的人需要求助于专业的心理咨询师来帮助自己解决创伤。

有强迫性重复行为的个体需要知道：从前作为儿童时，他们不需要为自己身边存在的糟糕、冷酷、混乱的人和事物负责，但作为成人，他们需要为自己的选择负责。他们需要意识到自己再也不是那个无力改变的孩子了，有能力重新书写命运。

你说话太直接，让我的心好痛

柏拉图说，智者说话是因为他们有话要说，愚者说话是因为他们想说。我们在生活中都会遇到那种说话直接的人，有时候我们很喜欢他们的直爽，可是很多时候，我们也会被他们的直接伤害。“说话直接”这一现象可分为以下四种情况，快来看看你遭遇的说话直接，或者你直接的说话方式是以下哪一种吧。

有口无心：有些人其实是不会多想的，他看到什么，就会用最真实的方式回应你。可是他没有思考讲这句话会有怎样的后果，没有用心思考，所以可称为有口无心。我觉得你的样子好看，我就说好看，而不会去想如果别人都说你不好看，你会怎样想，我应该怎样应对，不会考虑后面那一层。

自以为是：有一种人和别人互动的时候，很喜欢把别人打压下去，所以他说话的内容都是要拉高自己的，比如说“你一直在吃外卖，没有想过自己煮饭吗，我都是自己在家里做饭的”，他就是要讲出那种自己很好，你不如他的感觉。

自认幽默：另外一种人是觉得自己说的话很直、很有趣，应该很有效果，就是所谓的自认幽默，这种人可能会无缘无故地突然“找人麻烦”。

防御性强：还有一种人防御性很强，他每天会拿着内心的雷达去扫射有没有人对他不利，他说话很直，这种直是去挑别人有没有对他不够好的地方。他始终处于一个防御的状态，所以说话常常很尖锐。

以下是直话直说的几个例子，想想在你们的生活中发生过类似的情况吗？

A 女士的朋友一直很喜欢穿紧身的衣服，有一次两人一起逛街，朋友又在试穿紧身的衣服，并问 A 女士，你觉得我穿这件怎么样。A 女士回答，像大象在穿猴子的衣服。后来朋友就再也没有问过 A 女士对于她穿衣服的意见了。

B 先生年轻的时候在国外读书，一次毕业舞会的时候，B 先生看到舞池旁边坐了一个女生，一直在哭。那个女生身高大概 1.6 米，体重 150 斤左右。B 先生想，应该是因为毕业舞会上没有人找她跳舞，她才哭得那么伤心吧。于是，B 先生很绅士地邀请了这位女生跳舞。在跳舞的过程中，B 先生和她说：“希望你能够开开心心的，这么重要的场合你不要哭，其实你很好。”女生说：“很感谢你跟我跳舞，我知道你不是因为喜欢我才跟我跳舞的。你觉得胖是我不受欢迎的最大原因吗？”B 先生说：“不对，痘痘才是你不受欢迎的最大原因。”女生还是跟 B 先生跳完了舞，不过 B 先生之后再说什么话，女生都不再接话了。

C女士的好朋友失恋了，跑来和C女士哭诉说，这个男友在分手的时候对她怎么怎么不好，把她赶走，然后很难过地一直哭。C女士回答说："我觉得你就很不听劝啊，当初叫你不要跟他在一起，你偏不听，中间也跟你讲过那么多次，你为什么还要跟他在一起？"

D先生的朋友有一次请了一大帮人到自己家吃饭，朋友做了一桌子的菜，客气地说："不好意思，我手艺不好，所以我今天叫了一些外卖，这里有些菜是外卖，有些菜是我自己做的。"D先生吃着吃着，说："哇，这样的也来做外卖，我一定给这家店差评。"朋友说："那是我做的。"

我们知道，很多时候有话直说会伤害到别人，可是应该怎么说才能既不伤害到他人的情感，又能表达出我们的真实想法呢？考题来了，假设现在你的朋友正在试穿一件连衣裙，询问你的意见。你的真实想法是这件连衣裙样式老旧，穿着很显年纪，你会怎么组织语言呢？

其实这种关于穿着的问题是我们日常生活中常被问到的，如果你要让别人觉得你有诚意，就不能随便地敷衍对方说你觉得好看。因为如果你现在说对方穿得好看，那么等一下她回去被她的父母或者朋友说难看的时候，她就会知道你这个人不诚实，所以我们也不能胡乱夸奖，需要用到一些技巧。

可以这样说，这条裙子在我看来是偏复古风的，你是不是也这样觉得？对方可能回答是。然后我们可以说，没错，我知道你会喜欢这一款，因为你的气质也是很复古的。但是你知道吗，这件裙子太复古，反而衬不出你的气质，你要穿亮一点的，听我的没错。这样说的好处是没有直接地伤害对方，此外即使她买了这条裙子，当她回去大家都说不适合的时候，你也替她打了个底：哦，我朋友跟我解释得最清楚，其实不是我不好看或土，是我本身的气质不适合太复古的衣服。

如果是碰到自以为是的直接，我们又应该怎么去处理呢？以下是生活中几种典型的自以为是的直接表达方式：

1. 你怎么连这么简单的事都不会做啊！

2. 还不错，但我妈 / 我老公做得比较好吃。

3. 这个根本不算什么，我知道有更厉害的设计师。

如果碰到采用以上这种说话方式的人，应该怎么去处理呢？以"这个根本不算什么，我知道有更厉害的设计师"为例子，你新家刚弄好，很漂亮，邀请了一大堆朋友来。在参观新家的过程中，大家一直在夸奖说，你是在哪里找的设计师，很厉害，应该很难找吧。你回答说，这个设计师在业内很有名，好不容易才请到他帮忙设计。大家还是继续夸你的房子，你满心得意，招待得更热情了。这个时候有一个人说，你们怎么会觉得这个设计师难找呢，我在本地就认识比这更厉害的设计师，而且你们看，这个轨道就没衔接好。

遇到这种情况的时候，首先要判断一下对方的心态，如果他是真的有意要跟你抬杠，你也可以用有意的方法去回敬。如果你突然想起来，两年前他搬新家的时候，你说话也没有很客气，那么这个人大概率是故意的。这个时候，你需要想好到底是回敬对方，还是与其和解。如果你要回敬他，可能你就要很明白地说，你的那个设计师，我记得两年前的时候……算了，不要讲了，大家还是来看我这边的卧室吧。这种做法是提醒对方不要太嚣张，否则我会把你的底给抖出来，这是对抗的做法。

但是我们通常不鼓励对抗，有时候处理这类问题是可以用比较巧妙的方法的。例如，让对方自己意识到自己言语中的失态。这时候可以用上一点幽默，说："哎哟，我今天上午才弄好房子，其实你也知道我找大家来是为了向大家炫耀的。那你就让我高兴一下嘛！"这样的说法其实是指给大家看，这个人在扫我的兴，那么舆论会给他压力，自然没有人会回应他之前的话，他也会就此打住。当然这个前提是，他也能听懂你的意思。

其实那种在关系里面磨炼很多的妈妈，往往很有说话的智慧。比如，逢年过节有人来家里做客，开始比孩子的成绩、收入、厨艺等。有人会说，你这个没有什么，我家孩子如何优秀；你这个没有什么，我如何做菜，孩子们很喜欢吃。这时有些妈妈会说："你太优秀了，你看你来了，大家都不看我了，这样下回我都不敢请你来了。"语气半撒娇半抱怨，但是又采用了一个尊重的态度。这个尊重的态度体现在，我没有说你比我差，你说你比我优秀，我不予置评。可是如果你一直这样，我下次不想请你来。这种做法明确地告诉对方，当你说出这样的话时，会影响到你和我的关系，同时并不得罪对方，是比较巧妙的方法。

小心点，我会对号入座

你有没有遇到过那种喜欢莫名其妙地对号入座的人？

A 女士：我们记者都是分团队在工作，当时整个团队在负责一个专题，其中有个男记者是新来的，工资自然会少一些。有一次，我听到他在跟老板吵架。老板说，叫你去做这个带子，怎么这么多事？他说，我的工资就这么多，为什么我要做这么多的事情？我只是听过一次这样的对话，也没有特别去想什么。但之后有一次，我跟同事边收东西边抱怨说，你知道吗，现在有的新人真的很懒，不负责任。说的并不是他，但我发现他坐在角落，直盯盯地看着我，我只好迅速地把头低了下来。我总不能跟他说“我不是在讲你”吧，感觉会越描越黑。后来他结婚的时候发喜帖给我，我正好又没有时间去。接着我就慢慢发现，他本来会在我的朋友圈里点赞或者留言，后来都没有了，但是也没办法再解释什么了。

B女士：有一次逛街，我看到要好的男性朋友的女朋友和另一个男人在手牵手逛街。我看到之后很生气，但是又不知道该怎么和朋友说，所以我就在朋友圈发了条状态："找小三不要脸。"我发完状态没多久，就接到另外一个男性朋友的电话。我们的对话如下：

朋友：你为什么要说出来？

我：我说什么了？

朋友：你为什么要和我女朋友说我找小三？

我：我没有和你女朋友说你啊！

朋友：而且我也没有真的找小三，我们只是发发微信，有时候互相聊天和关心一下，我和她又没有怎么样。

我：不好意思，我真的没有在说你。

朋友：那为什么我的女朋友指着我说不要脸？

我：拜托，我从头到尾都和你女朋友不熟，我没有和她说过什么，而且我朋友圈里说的是一个女孩子。

结果我那个男性朋友怎么都不相信我。他和女朋友两个人回去吵了一架，吵完就分手了，就一直觉得是我害他们分手的。

以上两个生活场景，就是我们说的对号入座。对号入座的字面意思是依照座位上的编号就座，引申为把自己既定的感觉、想法、联想等，先入为主地加诸在另一个人或其他事物上。

什么样的人容易对号入座

如果用性格来分的话，有两种性格的人容易对号入座。

第一种是多疑性格。有一种人，天空飘来一片云，他都会觉得说是你吹了什么气，把云吹成了那个模样，来告诉他，他有问题，这就是多疑。平常的同事里面，这类人可能做什么事情都会来跟你确认很多次。他会问你说；“你最近有跟某某（同事 X）一起去吃饭吗，他有提到我吗？你的表情好奇怪，有对不对，没关系，我们私底下再说。”你都不用回答，他就已经默认同事 X 在背后说过他什么了。

有的时候还会发生这样的状况，你会说，没有啊，同事 X 常常称赞你啊。他会接着说，原来你和他的关系已经好到你要帮他打掩护这种程度了吗？这个时候在他的思维里，你和同事 X 已经变成一伙的了，变成了他的对立面。

在心理学里有一种状况叫作“关系妄想”，通俗地说，就是觉得其他人在说的事情、在想的事情都跟自己有关系。好的只是可能和他有关系，但是坏的就一定和他有关系。这种想法是有轻重程度的，最轻的大概不会到妄想的程度。你跟他好好解释，还解释得通。如果妄想严重的话，你跟他解释，他也不会相信。而且只要有人跟他解释同事 X 其实不是那样的，他就会觉得其他人和同事 X 都是一伙的。

第二种是戏剧化的性格。这种人会想象自己是悲剧的主角，是一种悲剧英雄式的人物。这种人最典型的自传就是我从小在家里蒙受父母亲的教导，非常正义，要把所有责任扛起来。所以在团体中，我为了原则和坚持，可以不惜让别人误会我。他的理念是“我是悲剧英雄，所以我为了把事情做好，都没有在兼顾人际关系”。因为他有这样的自我信念，因此每次觉察到其他人好像在说自己不好的时候，他都会很容易觉得悲剧发生了，我这个英雄就要被攻击了，我开始要承受苦难了。可是同时，他又非常喜欢这种情境，因为只有在这种情境里，他心里面的那团火才可以燃烧，散发出圣洁的光芒。

所以这种人特别喜欢对号入座，幻想自己坐在那个座位上发光发热。

以下是三种比较容易让人对号入座的情境：

1. 模糊不清的关键字眼。比如，新、老、胖、笨这种模糊的但又体现关键评价的字眼，容易让人对号入座。每个人都多多少少有一些自己的关键字眼，我们需要找到它们，然后克服对它们的敏感。

C 先生：我之前的工作很忙，每天都要赶时间，所以我只要听到其他人说浪费时间这种字眼，就会很敏感。像上次，我急着要去找别的部门同事拿稿子，听到他们在说，呵，真是浪费我的时间。我当时想，他们是在说我浪费了他们的时间吗，因为等一下我要和他们一起工作。

D 女士：我一直觉得我的脸很大，有一次我在洗手间洗手，看到有个女孩子边补妆边和旁边的人说，今天脸好肿好大啊。我就一直盯着那个女孩子看，觉得她是在说我。

2. 无法切割对事或者对人。在某些情况下，人们会把别人对事情的评价或评判，当作对自己的指责和攻击，从而对号入座。

3. 不能融入的窃窃私语。

E 女士：我膝盖有疤，我一直很介意这件事。有一次我主持活动，看见两个女孩子一直对我指指点点，然后窃窃私语。我就觉得，她们一定是在说我的膝盖难看。活动结束之后，其中一个女孩子跑过来和我说，她觉得我的裙子很好看，问我在哪里买的。

关于以上这三种对号入座的情境，如果要讲克服的难度的话，模糊不清的关键字眼是最好克服的，因为我们只要找到自己的关键字眼，克服它就可以了。关键字眼通常和我们的一个在意的点有关，如以前很胖的人，后来变瘦了，但只要听到有关体重的事情，他可能就会觉得别人在说他。无法切割对事或者对人的克服难度比较高一点，因为这种情况下，人的习惯思维指向自己，习惯做负向思考。负向思考的人的基本概念就是“什么都是我不好”。事情不好是可以重做的，而“我不好”的思维是比较难以改变的。第三种对号入座是最难克服的，只要别人说话，他连听都没听到，就觉得别人在说他。这种人大部分在成长的过程中有着深层的被排除的经验，是比较深度的习惯，很难改变。

在职场中喜欢对号入座的人，大家普遍会觉得他们很难相处，因为他们就像刺猬一样，只要别人稍微靠近他们一些，不管说什么做什么，都会被他们刺到。接着，他们还会像玻璃一样莫名其妙地碎掉，身边的人还要背负伤害他们的罪恶感。自然，周围的人会离他们越来越远，而他们也很难拥有亲近的友谊。

我们可以检测一下自己对号入座的频率。如果你觉得周围的人或公司的同事每天都在讲你，那么只有一个可能——你是老板。如果你不是老板的话，你真的不会天天被别人讲，很可能是对号入座了。

是他们都不喜欢我，还是我太容易受伤

你身边或许会有一些朋友或同事，一直和你说“他们都是冲着我来的，对我有敌意”“他现在对我好一定有目的”“他为什么这样对我”这样的话。

A女士：有一个同事觉得每个人都不喜欢她，好像大家都对她不好。有一次，另一个同事跟她说，你今天脸色看起来不太好，昨天没睡好吗？然后她就对我抱怨说，她很生气，觉得那个同事知道她今天没化妆，故意这样问的，想要让她难堪。可是我觉得，人家只是想表示一下关心吧，没有她想得那么负面。

B女士：我那个圈子有一个朋友D是做代购的，我有东西要买的话都会找她，价格会比市场价便宜一点。我偶尔和另一个朋友C聊到D的时候，C就说，其实我有的时候也想买东西，你们可以带上我。有一天我们三个正好碰到了一起，就一起吃了晚饭，吃完饭

结账的时候，C并没有要出钱的样子，我那个代购的朋友D就说，这顿我来付吧，接着她就付钱了。我们离开饭店之后，C问我说，为什么D要请我吃饭。我想，因为你自己没有要付钱AA的意思，而我和D是一直互相请客的。C一直觉得D有目的，比如希望C以后在她那里买东西，可是，是C自己主动跟D要的微信。之后她还私下跟D买包，然后才抱怨D给的价格高。我想说，这是我的朋友，你想要低价可以跟我先说明，请我去跟她杀价，私下都处理好了才来抱怨，并不合适。

E先生：有些人就是很奇怪，你对他好，他就会说你对我这么好想干吗啊；如果你对他不好，他就会说我就知道，你就是这种人，怎么样都是别人不对。我遇到这种人就会很害怕。他如果只是一个爱怀疑的人也就算了，但是如果他行动起来，觉得我就是他的“小人”，想要对付我，那他就会变成我的“小人”了。

为什么以上例子中的人会有这样的想法和行为呢？在所有对人心理的讨论中，我觉得最难的一种就是去猜测别人的想法，因为每个人都有不一样的心理过程。所以，如果我遇到这样的状况，我会把问题转回到自己身上，问自己，为什么这样的人会让我觉得困扰？

用这种由此及彼的方法来了解他们在想什么，通常会更接近他们。回到“为什么这样的人会让我觉得困扰”这个问题，首先，我们通常会觉得自己很怕他们，觉得不管做什么事都容易被他们解释成坏的。我们怕的是被他们把坏人的标签贴到我们身上。

简单来讲，我们害怕自己被当成坏人，这就是我们所抗拒的，所以你可以回推以上例子中的人是什么心理，他们在潜意识中希望或需要给周围的人贴上坏人的标签。从我们自己感受到去感觉，就是每次在试着了解奇怪的人的时候，一定要先问，我感受到了什么。这样你就能够了解那个人在想什么，因为你所感觉到的东西很可能就是他需要达到的效果。那为什么他需要周围的人都是坏人呢，这里就出现心理分析了。第一，如果周围的人都是坏人，那么他跟其他人的人际关系不好就是理所当然的，于是他可以克服对人际关系的焦虑。所以不擅长人际关系的人，就会容易先预设周围的人都是坏人。一些人没办法跟人好好相处，没办法承认“我就是不知道怎么跟人相处，我觉得好紧张”“我没办法判断你对我的夸奖是真心还是假意”。这样的人会很需要把周围的人都包装成“你们都是不值得我真心交往的人”来掩饰“其实我不知道怎么真心跟人交往”，这是常见的一种情况。

第二，如果你要做他的朋友，要先通过他的测试。测试的内容就是证明你是真心的，你可以为他上刀山下油锅，通过考验之后他才会把你纳入他的同一阵营。可是接下来，你会遇到一个问题，当他发现你真的是一个好的朋友的时候，会患得患失，害怕失去你，然后重演刚刚那一套，一直觉得你是不是要背叛我，你是不是要被谁拉走。如果你没有通过他的这次考验，他就会觉得你果真是不值得信任的，甚至觉得因为你，我以后再也不会信任别人了，所以你伤害了我，还连累了我后面的人生。

如果大家感觉自己身上也有这样的倾向，其实可以找个时间回过头来想想自己的信任感是在什么时候被破坏的。通常这类人会有比较相似的经验，比如在学生时期被班级的人集体排挤。

这种不信任不仅会受到经验和环境的影响，也会受到基因的影响，有些小孩天生就比较多疑。研究表明，不同的婴儿对人的信任度是不一样的，气质上天生有差异。婴儿通常都很喜欢妈妈逗他或喂他东西吃，可是妈妈不会随时都能满足婴儿的需求。有时候，妈妈可能有自己的事情或者状况，一整天都没照顾他。当再回去看婴儿的时候，会发现，有的婴儿完全忘记了你不在的这一天，他会不计前嫌地像之前一样对待你，好吃好睡。可是有些婴儿开始变得好像不认识你，需要重新和你熟悉起来。他的想法是“好可怕，不知道你什么时候又要离开我一天，所以我不能那么信任你”。

所以，我们有时候不用太苛刻或感到困扰说：周围的人为什么不互相信任。这对于我们的人际敏感度是一个很好的磨炼，即你做一件事，无论怎么做，都会有一个人被你伤到，那你想要怎么办。是不管这些“容易受伤的人”，还是连这些人都要照顾到，这就需要每个人去考量自己的人际交往观，再做决定。

如果你的生活中有这样多疑的朋友，总在跟你说另一个朋友对他有多不好，你会怎么回复他呢？

D女士：我就有这样一个多疑的朋友，她总会跟我说，今天谁对她不好，明天谁对她不好。我以前觉得，如果你跟我说这些，能让你开心的话，那我是愿意听的，反正我左耳进，右耳就出来了。可是她说多了，我担心她跟我说没问题，如果她跟每个朋友都说这些话，她的朋友会越来越少。所以我开始跟她说，其实那些人可能没有那个意思，他们是开玩笑的。结果她就生气了，觉得我不理解她的感受，还怪我不坦诚，以前没有说出自己的想法。

所以，当多疑的人在跟你诉说别人对他如何不好的时候，你不跟他一起骂，他可能就会觉得你和他不是一伙的，最后连你也一起骂了。可是，如果你和他一起骂了，他可能又会和那个被骂的对象打小报告，到时候你就真的里外不是人了。怎么应对这样的状况呢？

情景：多疑的朋友（小明）跟你说，小花（你的名字），你知道小红（共同朋友的名字）怎么对我的吗，《甄嬛传》的电视剧一共有76集，她那里有全集，答应传给我，今天看到她在线我又拜托她，结果竟然只给我传了8集就再也没动静了，怎么会有这种人呀。

你的回应：________________________________

较合适的回应：小明，我们的关系这么好，你这样说的时候，我一定是支持你的。可是我现在有点怀疑，其实你跟我说这些话的时候，心里也是不太愿意相信小红是有意对你不好的，所以我现在有点为难。如果我跟你一起骂她，可能你也会觉得我不太了解真实的情况就胡乱攻击，不如我们一起找小红出来聊一聊。

这个回应里最重要的部分是，以我跟小明的交情，我要先相信他内心有善念，我不能先相信他就是恨小红，那么事情的朝向一开始就错了。另外，我会补充一些内容，即其实小明你心里并不想去讨厌小红或者生她的气，你现在在无助地挣扎，希望我能够给你信念。可是我很为难，如果我跟你说小红不是故意的，小红一直都对你很好，你会觉得所有坏念头只有你独有，会很受挫。可是我如果跟你说，那个小红可真坏，你又会觉得以前的朋友怎么是这样的人，你承受不了。所以这时候，你需要的朋友是陪你去挣扎说，不可能吧，她是我朋友，怎么会不给我答应给的东西。你需要我陪你站在你的矛盾上，而不是一下子就跳进你设定的非黑即白的境况里。

如果你本身符合多疑的特质，可能生活中的很多事情会受到这一特质的干扰。比如，你没办法保持职业的持续发展，一直要换公司，觉得每个公司都有找你麻烦的人；你的家庭生活搞得一团乱；你没有朋友。这个时候你需要做出改变，比如寻求心理咨询的帮助。或者你也可以寻找一个能包容你的敏感的朋友，共建一段亲密可信任的关系，共度这样一个艰难的改变时刻。

规则造就别人对你的态度和行为

本科时我的专业是英语，有一学期，要学习英语精读、英语听力和日语这三门课程。让我奇怪的是，同样是周末上课，这三门课的出勤人数差距很大。当当当，竞猜开始了，我来描述一下这三位老师上课的状况，大家来猜一下哪一位老师的课出勤人数最多，哪一位老师的课出勤人数最少。

第一位是英语精读老师，上课有签到，允许请假，需要回答问题。第二位是日语老师，没有点名也没有签到。第三位是英语听力老师，上课有签到且需要回答问题，而且这位老师明确跟我们说过，一节课不来，平时分就要被扣掉，不管你是病假还是事假。

大家都有答案了吗？正确答案是：英语听力课出勤人数 > 英语精读课出勤人数 > 日语课出勤人数。根据我几次的观察，上课的同学都是同一个班的情况下，英语听力课的人数每次在 40 人左右，英语精读课有 15 人左右，日语课有 8 人左右，就是这么大的差距。

思考这种现象产生的原因，如果是单凭学生对课程的喜好，三门课的质量和生动性差不多，没有这么大的差距，那么主要是规则的力量。日语老师的课没有平时分，没有点名这种规则，所以他的课出勤人数最少，说明只用自律来约束学生是不够的。精读老师的课，点名、回答问题这些规则都有，但是她自己打破了自己的规则。精读课的平时分是30分，老师说过，如果缺勤是会扣分的，但反映在成绩上并没有扣，给学生的感觉就是这个老师说话不算数，没有执行的规则就不是规则。而听力老师的课，虽然我们也没有特别喜欢，但是她说到的规则都做到了，学生想要拿个不错的平时分，只能尽可能地去遵守她的规则。

这么看来，课程规则对课程的出勤人数是有影响的，课程规则的细化程度和实施情况也会影响出勤人数。在这里，用到了行为改变技术中的惩罚原理。当个体做某个行为时，给其施加厌恶刺激（惩罚物）或减少奖励物，可以减少个体之后做该行为的频率。当学生不按时出勤的时候，减少他们想要的平时分（减少奖励物），可以减少学生不出勤的次数。

从心理学角度分析，个体都渴望得到所属群体的肯定与奖励，以提升自己的生存环境和生存质量，同时畏惧受到群体的责难与惩罚，因为责难和惩罚会给人带来精神的或者物质的负面压力。惩罚原理在教育和管理中运用得较多，不管是老师、家长还是管理者，都是需要去学习的。

实践告诉我们，在运用惩罚时，要特别小心，否则会引起他人心理上的反感、情绪上的消极反应、行为上的抵抗等。

（一）惩罚要适度

人们通常认为，惩罚强度大一些比小一些更能有效地影响人的态度和行为，但是事实并不是如此。惩罚的作用主要是让被惩罚个体感受到认知不协调，从而使被惩罚个体的态度和行为向惩罚方要求的方向转变。认知不协调理论指出，人总有一种保持各种认知协调一致的趋向，也总有一种保持自身态度与行为一致的趋向，当个体体验到各种认知之间或态度与行为之间存在不协调时，就会导致内心紧张和不适，这时，个体将力求改变这种不协调，以消除内心的紧张和不适。惩罚强度的大和小，都能让个体感受到认知不协调，并不是说强度大的惩罚比强度小的惩罚更能影响个体的态度和行为。

那么，强度较大的惩罚和强度较小的惩罚相比，哪一种能使组织成员唤起更大的不协调感呢？阿伦森的实验表明，强度较小的惩罚更能唤起个体的不协调感，也更能有效地转变人的态度。因为，在较轻的惩罚条件下，认知上的不协调难以从外部找到充足的理由来加以解释，个体将努力寻求内在理由（内归因）来消除不协调，即转变态度。而强度较大的惩罚会促使个体用外在理由（外归因）解释认知上的不协调，结果反而不利于受惩罚者态度的转变。比如，在同样的条件下即你做的报表数据出错了，领导的一句批评可能会让你深刻反省自己的错误。但如果领导因为这个开除了你，你可能更多会认为是领导不喜欢你。

强调惩罚的适度性，并不是说惩罚越轻越好，惩罚以能有效地转变态度、唤起所需的行为和阻止不需要的行为为宜。把握适度性的关键在于，惩罚达到应有的强度后就不宜加重。过重的惩罚会减少不协调体验，不利于态度的转变，过轻的惩罚同样难以造成不协调体验，无法唤起组织成员转变态度的内在冲动。

（二）惩罚需要保证公正公平

公正公平是保证惩罚具有激励性作用的前提。惩罚应有合理的客观标准，对当前机制下的一切成员应一视同仁，不能因人而异。

（三）惩罚应具有时效性

及时的惩罚可以有效地制止和预防不良行为的发生。在强化理论中，对个体行为的肯定所需的正强化可以借助奖励来实现，对个体行为的否定所需的负强化则通过惩罚来实现。强化手段应在行为消退之前进行，奖惩手段滞后，强化作用会降低，引导和塑造行为的过程也会大大推迟或减弱。

（四）惩罚作为规则的一部分，必须被提前宣告

惩罚不是目的，而是手段，是为了制止和预防不良行为的发生，所以惩罚细则应该提前宣告，确保惩罚细则适用的每个个体都清楚地知道，这样才能达到惩罚的目的。

普通人在日常生活中很少惩罚他人，因为惩罚通常暗示着权力的不对等，比如老师对学生、家长对孩子、领导对下属。在生活中，我们更多地会用正强化（奖励）来强化那些我们喜欢的行为，比如别人帮了我们一个忙，我们会说“谢谢”，并报以微笑，其中“谢谢”和微笑就是正强化物，会大大提高这个人以后继续帮你的概率。

如果别人做了我们不喜欢做的事情，我们不希望他们继续这样做，应该怎么办呢？比如，你的一个朋友给你起了一个外号，这个外号你很不喜欢，在你三番五次跟他说明但无效之后，你会怎么做呢？

这个时候就需要用到消退原理。消退是一种良性忽视，是指对不良行为不予注意，不给予强化，使之渐渐削弱，直到消失的方法。所以当朋友给你起了一个你不喜欢的外号时，你可以在他叫你外号时不予理睬，渐渐地，他就不会再叫了。

大部分时候人们都喜欢别人夸奖自己，讨厌别人批评自己，而更讨厌的可能是没有人回应自己。没人回应的感觉就好像你不存在在这个世界上一样，被批评虽然讨厌，却至少能证明自己是被注意到的，是被回应着的。

消退原理在对孩子的教育过程中也很有作用，林正文在其著作《儿童行为的塑造与矫正》中，提供了一个在家中使用消退原理成功消退坏行为的例子。

一对夫妇对自己孩子吃蛋糕的行为特别烦恼，因为每次吃蛋糕时，孩子都是把蛋糕外层的奶油先剥下来，搓成圆球再吃下去，而蛋糕的其他部分则不吃。夫妇俩使用打骂、利诱等各种办法想改变孩子的行为，但都不见成效。后来专家建议使用消退原理来矫正。一次吃蛋糕时，孩子吃法如旧，但妈妈什么也没有说。孩子反而诧异地说："妈妈，我在剥奶油呢！"妈妈克制着内心想要阻止的冲动说："我知道。"孩子又问："你不骂我吗？"妈妈说："不骂你。"此后连续四次，孩子和往常一样吃蛋糕，妈妈也是什么也没说。到第五次，妈妈惊讶地发现，孩子放弃了原来的吃法，像姐姐一样，把全部蛋糕吃得干干净净的。

总结来说，规则造就了别人对你的态度和行为。行为改变技术广泛用于生活的各个方面，主要有奖励法、惩罚法和消退法。当我们想要让个体产生受我们欢迎的行为或者抑制不受我们欢迎的行为时，可以用奖励法。当我们想要让个体抑制或阻断不受我们欢迎的行为时，也可以用惩罚法，但特别需要注意惩罚的适度。当我们想要让个体某种不受我们欢迎的行为消失时，可以用消退法。

小心，群组会变成另外一个坑

一日和朋友在闲聊，朋友觉得自己有点抑郁。我安慰了几句说，你以为那么容易就抑郁啊，你啊，就是最近遇到的倒霉的事情太多了，心情不好。好了好了，要不我们周末去逛街，买点漂亮衣服？朋友笑着答应了。过了几天，朋友打电话跟我说，她最近加了个抑郁群，觉得群里面的气氛特别压抑、低沉。我立刻严肃地跟她说，我建议你退掉那个群，接着就聊到今天的主题——群体对个人的影响。

人一生都在参与不同的群体，从一开始的以家庭为单位的群体，到长大认识的朋友群体，工作认识的同事群体，这些群体都在构建我们的生活，也都在塑造我们。如果这些现实生活中认识的人和我们有相同的喜好或者有其他的共同点，无疑会给我们带来愉悦的感受，因为这让我们感到不孤独，也会让群体成员的关系更进一步。

由于现在网络的发达，以网络为形式的群体也变得越来越多，比如，因各种兴趣爱好建立的QQ群、百度贴吧，以及豆瓣小组等，这让现实生活中苦叹找不到同好的我们轻松就找到了认同感和归属感。网络和群体让我们的距离变得越来越近，但也有不好的影响。群体中的人会影响群体的性质，同时每个人也会被群体影响着，特别是当构建群体的因素不那么正面的时候，人就容易受到负面的影响。

举一个我之前的例子，我有段时间有暴饮暴食的困扰，就加入了暴食组。这个组的主旨是戒掉暴食，但是我发现进了这个组之后，我暴食的频次反而增多了。我觉得特别奇怪，后来回顾自己的心路历程，在现实生活中，我没见过其他人暴食，也没听说过谁暴食，这让我自我感觉很差，觉得自己是个怪物，也害怕别人知道我是个怪物，所以即使暴食，也是尽量躲着认识的人。这种需要躲着别人的羞耻感和挫败感，多多少少在减少我的暴食频次。

加入暴食组之后，我找到了认同感和一种莫名的归属感，因为组里有太多相同的经历，有太多的人和我有着一样的困扰，这让我有种错觉，好像自己也没那么怪，暴食也没那么可怕。而那些比我暴食的频次更多和食量更多的人也让我觉得，我“根本”就不怪嘛，好像可以变得更“厉害”一点，才能达到怪的程度，所以我的暴食频次反而比进组之前增加了。

从我的心路历程可以发现，个人在加入群体的时候会倾向于做和群体相一致的事情，这也是社会心理学中的从众行为。从众是指在群体压力下，个体在认知、判断、信念与行为等方面自愿与群体中的多数人保持一致的现象。

从众行为的原因有以下几个：

（一）寻求行为参照

在许多情境中，个体由于缺乏知识或其他原因（如不熟悉情况等）必须从其他途径获得适合自己的信息。按照社会比较理论的说法，在情境不确定时，其他人的行为最有参照价值。个体从众，指向多数人的行为，自然是因为觉得自己找到了较为可靠的参照系统。

（二）对偏离的恐惧

偏离群体时，个体可能会面临较大的群体压力乃至制裁。任何群体均有维持一致性的倾向及相关的执行机制。对那些与群体保持一致的成员，群体的反应是接纳、喜欢和优待；而对偏离者则倾向于厌恶、拒绝和制裁。在社会生活中，多数人实际上已有尽量不偏离群体的习惯。个体从众性越强，其偏离群体时产生的焦虑就越大，也就越不容易偏离群体。

（三）群体凝聚力

群体凝聚力指群体对其成员的吸引水平以及成员之间的吸引水平。凝聚力高的群体中的成员群体认同感较强，与其他群体成员之间有密切的情感联系，有对群体做出贡献和履行义务的自我要求。

所以，我们在加入一个新群体之前，不管是QQ群、小组还是贴吧，都应该先去评估一下加入这个群体会给我们带来什么样的影响，这样的影响是正面的还是负面的，想过这一层，再去选择要不要加入这个群体。最后奉上孔子的话："与善人居，如入芝兰之室，久而不闻其香，即与之化矣；与不善人居，如入鲍鱼之肆，久而不闻其臭，亦与之化矣。"

第五章

自我在成长

越安全，越聪明

“Discovery”频道之前播放过一个研究儿童行为的实验，实验的第一步是这样的，一个爸爸推着一岁多的孩子去公园玩，到了公园之后，爸爸找了一个长椅准备看报纸。

这个时候，爸爸把孩子从手推车里抱出来，放在地上。一岁多的孩子正是走一段，爬一段的时候，自然离不开手推车，但可以想象孩子被束缚在手推车里是多么的不自由。所以，爸爸把他抱出来没一会儿，他就开始乱跑起来，摸摸花，踩踩草。此时的你是不是在担心孩子会跑远？事实上，这个孩子再怎么跑来跑去，也还是在一个范围里，即以爸爸坐的那个长椅为中心的一个大圆圈内。

实验进行到第二步，爸爸还是坐在那条长椅上看报纸。这个时候有一点小小的改变，爸爸把他的报纸放低，低到孩子可以通过报纸的上沿看到爸爸的脸，其他什么都不变。你猜，孩子会发生什么变化？他依然在乱跑，只不过活动范围变大了一圈。

此时实验进行到第三步，爸爸还是坐在那条长椅上，只不过他放下了手中的报纸，开始一直看着孩子。孩子跑到石头那边，爸爸的目光就追到石头那边；孩子跑到草地那边，爸爸的目光就追到草地那边。神奇的是，此时孩子的活动范围又比之前大了一圈。

我想借助一个魔法游戏来说明这个实验，说明为什么实验中孩子的活动范围在一直变大。叮当法术，变变变！哇，你现在已经变成了实验里那个跟随着爸爸的小朋友。

你站在公园的空地上，旁边是爸爸，正在悠闲地看报纸。你是第一次来到这个公园，公园里的一切对你来说都十分新奇。此时你面临一个选择，是离开爸爸去玩，还是待在爸爸身边？这个选择的困难之处在于，如果离开爸爸身边，你还是有点害怕的，毕竟这是个陌生的环境，可能会有危险，虽然你也不知道危险是什么。

可是不去玩的话，下次出来还不知道是什么时候呢。那块石头旁边的小花好漂亮啊！大石头的后面藏着什么呢，真的好想知道啊！你很快做了一个选择，去玩，但是要离爸爸近一点。这样即使自己有危险，爸爸也能很快发现，然后赶过来救自己，你为自己的小聪明高兴不已。

玩着玩着，在回头看爸爸的时候，你发现可以看到爸爸的脸了。哇，这样的话，即使我发生危险，爸爸也一定会比刚才能更快地跑过来保护我。你心里的害怕又少了一点。那边的空地看起来好好玩啊，我要去那边……

又玩了好一会儿，你回头看爸爸的时候，发现爸爸已经不在看报纸了，而是一直在看着你，你到哪里，爸爸的目光就到哪里。此时的你变得更安心了，自然会往更远的地方跑去。

孩子是一种既聪明又敏感的生物，当他在实验环境中面临“去玩”还是“不去玩”这个选择的时候，他选择了去玩，但是离爸爸很近。因为这样的距离既保证了他的安全，也让他有一定的空间去探究外面的世界。而向外探究本来就意味着学习。

之后，他敏感地发现爸爸和之前的不同，根据爸爸姿势的不同，他调整了自己的活动范围，其实他一直在致力于安全和学习之间的平衡。而扩大的一圈又一圈的范围意味着他见到的事物在变多，知道的事物在变多，也意味着他学习到的经验在变多。学得更多，自然会更聪明，这就是“越安全，越聪明”的大意。

对于孩子来说，最大的安全感来自家庭。一个学龄段的孩子，如果父母感情不好，他必然会有一部分精力消耗在担忧和焦虑上。“我在上课，爸爸妈妈在家里干什么呢，他们这个时候在吵架吗，他们会离婚吗，如果他们都不要我了怎么办？”一连串的问题，必然会消耗孩子原本花在学习上的时间和精力。父母会不会抛弃我这种生存类问题，也会威胁着孩子的安全感。每个人的精力都是有限的，对家庭的思虑多了，孩子分配到学习上的时间精力自然会变少，成绩也会变差。

家庭关系和睦的孩子则没有这样的担忧，因为在他的心里会觉得我家里好着呢，没什么好值得我担心的，我现在的目标只有好好学习。

看到这里的你，或许正在感慨幼时错失了这个让自己聪明的机会，有点儿难过。但是没关系，你可以稍微再难过一会儿，然后就要打起精神来了，毕竟你还有机会成为聪明孩子的妈妈或者爸爸，所以你要更努力呀！

四个问题测试你的安全感

人人都在说安全感，安全感是什么呢？安全感可以分为个体与他人接近、分离、重聚三个过程。简单来说，安全感就是能够和他人接近、分离、重聚的能力。同时接近、分离、重聚也是人际关系的雏形，比如，人和人熟悉是有个过程的，这就是接近。而我们也不可能二十四小时都一直和其他人在一起，那必定包含着分离和重聚。

以下是关于安全感的四个问题，大家可以一边看问题，一边思考自己的答案是什么。这四个问题分别是：1. 你在与大部分人相处的时候，你觉得对方是善意的，还是别有用心的？ 2. 你是个容易被朋友或他人无意间的话语伤到的人吗？ 3. 你的好朋友因为个人原因三五个月没跟你联系，你约他，他总是跟你说没空、很忙。几个月之后，当他打电话给你，找你谈心的时候，你会欣然接受他、保持原有的热情，还是会觉得有些陌生和不开心？ 4. 在一段你很重视的关系里，你可以自在地表达内心感受，尤其是不满的情绪，让对方知道吗？下面我们来逐个分析。

第一个问题：你在与大部分人相处的时候，你觉得对方是善意的，还是别有用心的？

觉得别人是善意的人比较有安全感，这就是我们上面讲的第一道关卡，你容不容易和别人接近。我来举个例子，大家感受一下。你是小红，你有一个很好的朋友叫小丽。有一次，你和小丽、小丽的男朋友在一起吃饭，听到小丽跟男朋友说，哎，你知道小红（你）有多过分吗，然后开玩笑地陈述了一番话。这时候作为小红的你，有什么样的感受？你会觉得小丽是针对你吗？

我们先分析一下，小丽为什么会在她的男朋友面前这样讲。小丽可能只是想要维持她在男朋友面前的良好形象，所以她以开玩笑的方式借由贬低你而抬高自己，或者弱化她不好的部分，为了讨得男朋友的爱或者同情。在这个时候，你只是她的一颗棋子。在小丽和她男朋友的对话里，她没有考虑到你有没有受伤，想的是如何获得自己的利益，如何得到男朋友的认可。

这道题考察的是，你认为别人这种不合适的玩笑是害你，或者是讨厌、攻击你吗？

如果你的安全感基本良好，可能会觉得没有关系，她是在和男朋友撒娇，这件事只是她刚好用到我这颗棋子，或许开了不合适的玩笑，让我不爽，但是这件事并不是冲着我来的。可是如果你认为她就是很自私，这件事情就是冲着你来的，而忘了她和男朋友的关系，那么这件事的结果会很不同。

第二个问题：你是个容易被朋友或他人无意间的话语伤到的人吗？

你依然是那个小红，今天你很开心地去找朋友小花玩。在她的家里，小花开玩笑地叫你滚出去，你会有什么样的感觉，会怎么做？

在这个例子里会觉得受伤的你，肯定是心思很细腻的人，但是心思细不细腻一定程度上受安全感影响。如果一个人没有安全感，那么他全身上下都是地雷，所以我们跟没有安全感的人相处会很辛苦，自己怎么被炸的都不知道。所以我们常说，找另一半要找一个有安全感的人，如果你找的是一个没有安全感的人，你可能会很痛苦，因为你每天都在得罪他，而他每天都会被你伤到。

第三个问题：你的好朋友因为个人原因三五个月没跟你联系，你约他，他总是跟你说没空、很忙。几个月之后，当他打电话给你，找你谈心的时候，你会欣然接受他、保持原有的热情，还是会觉得有些陌生和不开心？

看到这个问题，如果大家心里想到的是某一个朋友，那就反映了你和他之间的关系是否具有安全感。我们可以通过这个问题来检测你和你身边最重要的十个人的关系，如父母亲、同学、朋友。

如果很多人这样做后，你的感受都是陌生和不开心，那就表示你的安全感还不够完整。每个人都有自己的事情，所以注意力不会一直都在你的身上。你一开始相信他对你是善意的，你跟他成为好朋友，有好的关系。但你也要容忍中间他会忽略你，或者他粗心犯错，讲错一句话伤到你。等到他回归的时候，如果你能拥抱他，放下这段不开心的感受，说明你是个有安全感的人。

第四个问题：在一段你很重视的关系里，你可以自在地表达内心感受，尤其是不满的情绪，让对方知道吗？

如果你是可以清楚表达不满情绪的，代表你有安全感。一部分人在表达不满的时候会感到不自在，但还是可以表达出来。其中你不自在的程度，也代表你焦虑的程度，越不自在说明你越焦虑。

很多人会觉得，如果我表达不满或是生气，对方就会不爱我、不喜欢我。所以很多人把对别人不满的部分压着，在日常交往中，通常你会觉得他是一个很客气的人。其实简单来说，他是没有安全感，他觉得如果他不讨好或配合你，你就会不喜欢他，他就会失去你的爱。

看完这四个问题，我们会发现，在接近、分离、重聚这样的关系过程中，判定一个人是否有安全感的关键因素是他是否信任他人。换言之，各种不安全感的表现都是因为我们在心底并不信任他人。因为不信任他人，所以并不相信他人会好好对待自己。我们可以设想，缺乏安全感的人即使想要努力去试着信任他人，可是一旦遇到人际关系的小小挑战，也立刻被打回原形，他会开始怀疑别人，犹豫这个人是否还值得信任。

所以，当我们想要改善不安全感的时候，要改变我们不信任别人的状况。可是对缺乏安全感的人来说，信任别人很困难，因为这种不信任他人的感觉可能在婴儿时期就深埋于他们内心。

信任感在婴儿 0 岁到 1 岁左右开始建立，形成于婴儿期最初的二人关系中。婴儿的需求若能得到主要看护者正确有效的反馈，就会逐渐发展出基本信任感。如果婴儿在这个时期的生理和情感需要未得到满足或者经常体验到挫败感，他则可能形成这样一种根深蒂固的观念：这个世界不安全，他人是不可信的。

长大之后，在他们面前有两条路，要么去努力试着相信别人，要么陷入永恒的孤独，这是一个残忍的选择题。我当然是建议大家选择信任他人，因为在信任他人的过程中虽然会伴随着可能被别人伤害的恐惧，但是另一项选择可能会使人失去很多幸福的体验。

就像一首诗讲的：“去爱吧，就像不曾受过伤一样。跳舞吧，就像没有人在欣赏一样。唱歌吧，就像没有人在聆听一样。工作吧，就像从来不需要钱一样。生活吧，就像今天是末日一样。”希望你是个有安全感的人，也希望你能给别人带来安全感。

五招教你如何培养自信

自信是个体对自己的个性心理与社会角色进行积极评价的结果，不自信是长久以来失败经验造成的消极心态。这种消极心态主要体现为扩大缺点、缩小优点，这妨碍了我们对自己的正确认知，降低了我们的行动力以及对成功的渴望。这里我们将讨论如何改变不自信的状况，培养自信。

不自信以内容为标准可分为以下三种情况。

（一）对自己能力的不自信

可推测到的原因是个体小时候在尝试解决一个问题（事件）的时候遭到了失败，同时期在面对其他问题的时候也遭到了接二连三的失败，强化了这种失败经验，导致个体有一种自己的能力很小或者根本没有能力去解决问题的自我认知。

之后的经历中，个体在遇到事情的时候会表现得胆怯，害怕自己做不好事情。然而越害怕自己做不好就越做不好，实际上又在不断强化这种失败经验。长大后的不自信的表现通常为行动力差、不努力、没有责任心、遇到事情喜欢逃避。为什么会不努力呢？因为人努力是因为有一个重要信念，即相信自己的行动会让事情变得更好。可是如果一个人并不相信自己的努力会让事情变好，就不会付出努力。而这种不努力、不行动又会导致失败，继续强化个体“我没有价值”的认知，形成了一种恶性循环，也形成了对自己能力的不自信。

小时候有一次，我爸叫我骑自行车到姑姑家送东西，顺便把50块钱带给姑姑。到姑姑家后，我把东西完整地交给她了，可是50块钱怎么找都找不到了。我当时的感觉就是，我怎么这么没用，这么一点小事都做不好。相似的事情越多，我就越对自己缺乏信心。后来大学毕业后的两年时间里，我一直在换工作。最长的三个月，最短的十几天，很多是在工作上遇到问题，需要我去解决的时候，我就放弃辞职了。究其原因是我害怕遇到问题，觉得自己没有能力去解决它，同时我又很害怕失败，所以选择了逃避，这样我就不用面对失败了。这里的一个预设就是只要我遇到问题，就算我努力去解决它，我还是会失败，这就是不自信的消极心态。

（二）对自己是否被人所爱的不自信

一些人在小时候感受不到父母对自己的爱，长大后开始怀疑自己是否值得被爱，是否有人会爱自己。造成的后果是，要么完全封闭自己，不去触碰“爱”这件事；要么尽自己所能去寻求爱，不惜一切代价留住交往对象对自己的肯定和爱。

（三）对自己外貌的不自信

一些人有小时候被嘲笑外貌的经历，长大后通常都很在意自己的外貌，特别是那个被嘲笑过的特征。比如，我的牙齿不整齐，小时候常常被人嘲笑，有人说我“笑起来比哭还难看”。我自己当然也觉得不好看，就一直在想着怎么去遮盖这个缺点，后来让我找到了方法，那就是不笑。而我又是那种一不笑，就特别严肃的脸，结果因为这种不自信，很多和我不熟的人会觉得我很难相处。

说完了不自信的三种情况，我们具体来说说解决方法。我觉得有五招可以让你解决不自信的问题，培养自信。

（一）增加成功经验

提高自信最重要的解决方法就是增加成功经验，比如想在亲密关系里增加成功经验，可以找一个觉得你特别棒的人去谈恋爱。用我们现阶段的成功经验去更新停留在脑海中的过往的失败经验，从而改变消极心态、改变错误的自我认知，这是根本途径。

增加成功经验，重要的是不断地去尝试，而支持尝试的基本要素就是行动力。这里必须说明的是，行动力对于缺乏自信的人来说是一个很大的难点，因为他们的行动力基本上在前面不断失败的过程中已经被消磨干净了。缺乏自信的人通常觉得自己的尝试、努力并不会让事情变好，所以他们排斥尝试新的东西，排斥努力，当然他们的行动力也会越来越退化。因而失败经验越多的人，越缺乏自信，行动力也越弱。这就要求我们不断从意识上提醒自己，要去做，要去尝试新的东西，不然什么都改变不了。当然，这会是一个长期的不断督促自己的过程，也是一个痛苦的过程，希望大家有这样的一个心理准备。

（二）给自己积极的暗示

这里分成两个方向，一是自己给自己积极的暗示，比如在遇到事情需要解决的时候，鼓励自己说“我能行”“我可以”“我没问题”。二是去跟那些可以鼓励、支持自己的人做朋友，让这些积极的暗示从周围的环境产生，开始慢慢影响你。

（三）增强自我管理，履行对自己的约定

每天给自己一些目标，比如说我今天要完成三件事情，那么一天结束的时候我要去检查一下自己有没有做到，做到的时候需要给自己一个奖励，比如打会儿游戏、吃一个好吃的等，去强化这样的行为。这样的好处是增强行动力，同时也会增强对自己的掌控感，更会增加我们的成功经验。

当然订立目标的讲究也有很多，总体要求是根据自己的情况来订立，令你稍微焦虑的目标是最合适的。因为如果目标让你一点儿焦虑都没有，就不会让你获得成功体验，而太焦虑的目标反而会挫伤你的行动力。比如，我之前只要目标订立得太多就会很焦虑，接着我的行动力就会受影响，行动力一受影响，基本上那天的目标一个都完不成，反而会陷入恶性循环。

（四）接纳我们的不完美

这一点是针对外貌的不自信。很多人对自己的外表或者身材有不满意的地方，比如个子矮、小眼睛、塌鼻子等，这一点在女生身上更严重。我们喜欢评价别人的外貌，也会评价自己的外貌，通常这种评价都是偏向于找出缺点，但是到底是谁给我们评价他人的权利呢？同时，这种风气让我们过于重视外貌，错失了对其他更重要资源的争夺，这很不经济。美丽很重要，但是远远没有我们想象的那么重要。

回到外表和身材不符合大众审美这件事，我觉得最重要的是接纳，当然接纳自己的不完美很难，对于实在接纳不了的人，也可以考虑化妆和整形。但是如果要整形，一定要评估自己的心理状况和风险，毕竟刀子是割到自己身上的。

（五）坚持写成功日记

《小狗钱钱》教了大家一个写成功日记来增加自信的方法。准备一个厚厚的本子，取名为“成功日记”，意思是说你可以把成功的事记录进去。具体的操作办法是你每天都需要在本子上记录今天自己成功的事情，任何小事都可以，每天 5 条。开始写的时候可能会很困难，你会分不清要写的这件事情是否可以算作成功，在这种情况下，你的回答应该是肯定的。

当我情商低的时候，我在想些什么

情商又称“情绪智力”，情绪智力不仅代表一个人在情绪、意志、耐受挫折等方面的品质，还包括一系列相关的心理过程，这些过程可以概括为三个方面：准确地识别、评价和表达自己和他人的情绪；适应性地调节和控制自己和他人的情绪；适应性地利用情绪信息。通过这三个方面，有计划地、创造性地激励行为。

虽说现在通过工作中的学习和经验的积累，人的情商会逐渐提高，但是偶尔回想自己之前做的事情，还是很想敲敲自己的脑袋，问问自己当时到底在想什么。以下为我总结的一些低情商的特征：

1. 无法管理自己的情绪，在不合适的时候做出情绪性的反应。

2. 无法表达或者无法用温和的方式表达自己的情绪以及需求，比如用比较激烈的方式表达，或者干脆不表达，隐藏自己的需求。

3. 当别人向自己表达情感需求时，无法给予正向的回应。

4. 不能正确地看待自己。

5. 容易沉溺于自己的情绪中，比如如果现在很伤心，不仅无法尽快地把自己从伤心的情绪中解脱出来，反而会想其他伤心的事情，或者看一些伤心的电影，继续沉溺于自己创造的伤心情绪中。

6. 自知能力差，无法评估自己的行为对以后的影响，看事情缺乏因果联系，常常根据情绪决定行为。

7. 无法感受与他人的界限，对人际关系的亲疏远近有错误的认识。

8. 无法建立人际关系，尤其是亲密关系。

9. 损人不利己。

10. 情绪不稳定，在短时间内有情绪的剧烈变化。

11. 对一个人的看法常常随着自己的心情而变，不稳定，或者很容易因为一件小事就否定别人。

12. 一直在拒绝别人，常常有“不”“我不是”“我不要”等口头禅。

13. 规则意识差，对一些约定俗成的规则没有概念。像“别人这次请我吃饭，我下次一定找个机会回请别人”就是一种约定俗成，也是一种礼貌。

14. 喜欢攻击和贬低别人。

15. 在人际交往中常常因为别人的一句话、一个眼神感到自己被伤害。

16. 当别人试图侵害自己合法利益时，无法表达拒绝。

低情商的原因主要分为两部分，其中一小部分是自己真的没有能力去处理关系，而这种能力的缺失可能有气质和病理上的问题。而更大的部分是我们个人经验的原因，内心没有足够的爱和善意去处理和自己的关系以及和他人的关系。

举一个自己的例子，当别人向我表达出情感需求时，比如说同事跟我说了一件令她害怕的事情，正常的情况下，我应该安抚她，但是我没有。不是我没有感知到她的需要，而是我在潜意识里不愿意满足她的情感需要，因为总有一种感受抓着我，让我觉得“既然世界待我如此不好，为什么我要去善待别人、照顾别人的情绪？”再如，我以前非常喜欢打击别人，找别人的错处（从来不看别人的优点）。这种无意识的攻击以及挫败别人的行为，如今看来，可能挫败别人会让我感觉好受点，因为我曾觉得自己很差，所以在潜意识里迫不及待地想把别人拉到和我一样差的位置上。

当然，类似的行为还有很多，归根到底是内心的愤怒以及对外界的敌意太大了，以致不能很好地整合自己，无法处理好自己和自己的关系，更无法处理好和别人的关系，在这个意义上来说，那个时候我没有办法善待自己，也没有办法去善待别人。

我之前的情况比较严重一些，大家可能没有到这种程度。但是我想说的是，低情商的人表现出来的虽然是外在的一系列行为，但是归根到底，这些行为还是我们内心世界的投射。在我看来，如果一个人确实常有一些低情商的行为，那么很可能是因为他内心有一块偏执的、难化解的部分，那是一个没有打开的结，是一道伤口。

所以，要想真正地解决情商低这个问题，我们必须从内心的根源着手，解决意识上的问题，不断去检视自己的内心，去检视有哪些部分需要修正，这样才能更好地和自己相处，也才能更好地和这个世界相处，与大家共勉！

“be a good man”，还是成为你自己？

前段时间，有人私信我，问了一些问题，其中有些讨论内容还是挺有参考意义的，经过他的允许，列在这本书中。

咨询者：我觉得我不太会表达愤怒，有个例子是，前段时间考驾照，从科目二考完到科目三我等了一个多月的时间，每次都是通知我某天去考试，结果头一天晚上甚至是当天我到了考场时，才告知我没有排到考试，给的解释是他们这边已经跟负责报名的人说了，但是那些人没有给排。有时甚至教练打电话过去问为什么没有我的名字，他们才说，啊，因为某某原因，所以我没被排上。这里要说一下，教练是我同学的父亲，因为当时报驾校的时候他们驾校（以下称为 A 驾校）刚考完科目一，为了早点儿考，就把我挂名在另外一所第三天就有科目一考试的驾校（以下称为 B 驾校）。学车还是在 A 驾校学，但是后续考试都需要 B 驾校帮我报名。由于我只是挂名的，所以他们其实也不太上心，甚至有因为他们自己驾校的人要插队而把我挤掉的情况。我朋友觉得，我应该跟我的教练发火，质问他为什么每次我都排不上，然后让他再去跟B驾校交涉。

但是我也觉得开不了口，一是因为他毕竟是我同学的父亲，我对他还是比较尊重的；二是因为我觉得本来报名这件事也不是A驾校直接负责，所以B驾校怎么样他们有时候其实也没办法，并不是主观上故意不帮我报名，所以我对教练也发不起火来。（咨询者后面还举了其他两个类似的例子。）

我：那你每次发生这种状况（即正当利益被侵犯）的时候，感觉怎么样？

咨询者：会感觉不舒服，但是一般情况下都不至于很生气，而且特别能忍，生气到爆发的情况很少。相比之下，反倒是跟家人和女朋友生气比较多，比如特别不能接受女朋友耍小性子给我脸色，几乎火一点就着。生气的时候通常的表现是沉默不语，不想理对方，这时要我道歉几乎不可能。我们偶尔会发生争吵，不过通常只针对某件事，吵完之后我会马上意识到刚才自己情绪太激动了，然后会有意识地把语气缓和下来。

我：我大概了解了，现在你有什么想法吗？

咨询者：现在就是觉得我太不会表达生气的情绪了，让别人觉得我太好说话了，所以会吃很多亏。比如，考驾照的时候，明明生气的话问题就会比较快解决，但是又不知道该如何恰当地表达。总不能跟陌生人冷战吧，谁会管你啊（擦汗）。说“我很生气”感觉有点怪怪的，说“你怎么这样啊”感觉又没什么力度，张口就骂也不符合我的性格。不知道电视剧里他们说“真是岂有此理”怎么可以那么自然……

我：我有两点直观的感受，1. 你一直展现的是“我的感受不重要”“我的权益不重要”“我不重要”，似乎其他人都比你重要。你应该先找到“我”这个概念，但是我不希望你仅仅是在亲友面前才能找到“我”。2. 如果在不涉及道德的情况下有两个选择，一个倾向于利己，另一个倾向于利他，你总会做利他的那个选择，也就是说对你而言，做一个好人的感觉大于你实际得到的利益的感觉，但是你需要明确一点，有时候利他这个选择并不比利己来得高贵。

咨询者：非常感谢你的分析和花费这么多时间来回复我。当然，如果你觉得被打扰了也可以直接提出来。我确实感觉我情商挺低的，大部分想法和情感都是自我消化，不太善于表达出来。而且我情绪波动比较小，无论是喜悦、难过、害怕还是生气的程度都比一般人低，同一件事可能别人的情绪比较激烈，而我的反应却是“哦，这样啊”。

1. 我仔细考虑了一下，觉得我在外人面前和家人面前对于自身权益的认知好像并没有什么差别。之所以很少对外人生气，一个原因是大部分情况下会觉得没必要因为这点儿事与别人发生冲突，事实上我并不怕与别人发生冲突，只是非常不喜欢，所以会尽量避免。如果对方是那种能够讲道理的，我也会通过正常的途径提出我的诉求，但是如果对方是那种不讲理的，我会觉得即使发生冲突也不一定能解决问题。另外一个原因是不想让别人觉得我是一个易怒的人。对于与家人的冲突，我的第一反应也是忍耐，只有实在忍受不了或者没控制住的时候才会发脾气。我觉得对家人尽量包容和忍让是一件好事，但由于对家人会有一个心理安全预期，所以忍耐阈值跟对外人比起来会较低。

2. 你分析得很准确，确实通常情况下我会选择利他的选项，而且也觉得当好人的感觉大于自己得到利益的感觉。但是并不是因为觉得这么做比较高贵，应该说是因为这么做能带给我双份的满足感。首先，是自我满足感，我对自己品德的要求还是比较高的，可以说当一个好人是我的目标，这样做符合我对自己的要求，符合我对自己的认知，如果不这么做的话，我会感到很不安，害怕受到别人的指责，实际上很大部分是我自己的指责。其次，他人的认可也会给我带来很大的满足感。让别人觉得方便或舒适会让我觉得很安心，相反，打扰或影响到别人会让我产生羞愧感，所以我希望给别人留下一个好人的印象。

我就是想问，基于我的这种情况，有没有什么适合我的表达生气的方式？发火当然很简单，谁都会发火，但就是因为不太符合我的性格，我才没有做。如果要我改变这种性格的话，可能难度比较大，需要的时间比较久……

我：最后一回。

1. 我并不觉得你的怒点比一般人高，而是你习惯把自己的情绪和情感隔离起来，自然感受不到自己的情绪和情感。

2. 你的“be a good man”自我设定太严重了，你讨厌自己显出不友善的一面，这点可以推导出你不能够充分地接纳自己，回到了自我概念的问题。我说的高贵的意思是，你在心里某一个角落可能有种相对于其他人的优越感，有种沾沾自喜的感觉。想法类似于“你们都不够好，而我是个好人，所以我才会受伤”，这种想法可以给你带来自我满足感。

3. 我想说的是，如果你要表达愤怒，肯定会面临和别人发生冲突的情境，可能不是吵架那些明显的冲突，但绝对是一种冲突情境，因为我们每个人表达愤怒时，其实都是在说，喂，这是我的底线，你别碰，是在“fight for myself”，那么这就和你的那种不合理的“be a good man”冲突了。所以，你现在最需要做的并不是学会表达愤怒，而是脱离那个你一直给自己的设定。

最后的最后，其实你应该清楚要改变这种状况是需要彻底改变自己的吧，我觉得你自己对自己的观察程度还不错，但是对于你要改变的这种状况而言还不够，加油！

咨询者：非常感谢！感觉你看人蛮准的。

1. 我也认识到我平常表现出来的这种形象其实是一种面具，是在对自身道德的约束下的形象。我也经常思考这算不算虚伪，最后得出的结论是应该不算，因为我不是那种内心很想利己而表面利他的人，即使从我的内心出发，我还是会做出这种选择。

2. 我确实会有某种程度上的优越感，比如看到某种有损道德的行为或者没素质的行为，会觉得我跟他们不一样，我道德比较好，素质比较高。但是我并不会因此鄙视别人，因为我也知道，这是一个需要长时间的教育和培养的过程，跟每个人所处的环境也有很大关系，也不是说我自己就是完美的，只是可能在某些方面暂时做得比他们好而已。这也是我排斥用暴力手段对付那些不文明行为的原因，所以也没有到那种觉得自己受到伤害的程度。

通过你的分析，我对自身的认识也更新了不少，有时候光靠自己分析会陷入死循环走不出来，确实需要从别人的角度来重新看待问题。我也知道最好的办法是彻底改变，但是觉得不太现实，又有多少人能真正完全地改变性格呢？我理想中的状态是“不说硬话，不做软事”，今后会慢慢从表达真实的情绪开始努力的。

从上文可知，生活中确实有一部分人对自己在生活中扮演的角色有着明确的人设，像上文中的咨询者，采用的是“be a good man”的自我设定。当然也会有其他不同类型的角色设定，比如一个人对自己的角色设定是以爱情为中心的女人，表现出来的状态可能就是即使在对恋爱中的男方没什么感觉的情况下，也能装出或者扮演出一种很喜欢他的状态，当然这种表演是一种无意识的状况下。大家可以好好地想一下，有没有一种时刻，其实你没有某种想法，但是脑子里有一种声音告诉自己“我应该这样做”。或许有人会说，在公司面对领导的时候自己常常冒出这样的念头，但是我说的这种“我应该这样做”通常都是在无意识的情况下发生的，需要我们不断去觉察自己，才能看到一丝它的踪影。

这种设定首先是一种防御机制，更深层的是一种我们在寻求自我归属的特质，寻求一种对自我的认同感，一种我和别人都不同的自我肯定。更重要的是，它给你提供了一种参考，让你知道你是谁，知道自己在面临问题的时候会以什么样的身份去解决。因为有这样的角色设定，让我们（这些有角色设定的人）有一种比其他人优越的感觉，比如“be a good man”的优越感在于我是好人，我是一个品德质素都比一般人高的人，所以我不跟你（这种素质低的人）计较。而如果角色设定为我是一个以爱情为中心的人，那么因为我比你有更丰富的情感，所以我不跟你（这种冷酷、没感情的人）计较。

我们通过这种角色设定，固化出一种和别人不同的特质，这种与众不同帮我们找到了“我是谁，我以什么样的面目生活”的重大意义。这是自我设定的积极意义，在于防止人们陷入自我丧失的旋涡里。其消极意义在于会把我们困在选择的囚笼当中，自由和选择越来越少。

比如，“be a good man”的设定，可能会让你面临很多正当利益上的损失，会让你觉得你不值得被公平对待，久而久之，内心的平衡和自信必定会被摧毁。而以爱情为中心的设定让人很难脱离糟糕的亲密关系，其中浪费的精力、金钱和时间可想而知。

自我设定虽然提供了了解自己的可能，但是会使我们的路越走越窄，所以脱离自我设定是必要的。但是不得不说，脱离自我设定不是件容易的事情，因为我们在选择走自我设定这条路时，大概率是因为我们并不知道自己是谁，缺乏自我认同感和自我探索的精神。所以，当我们试图去打破这种自我设定的时候，会开始迷茫“如果我不是这样的，那我是什么样的”，会开始自我怀疑。

“我是谁”这种终极问题，本来就是每个人都需要面对的问题。虽然自我探索的过程会很痛苦，但必然也会让我们收获良多。

为什么你不能容忍亏欠别人?

最近看到一个帖子，一个姑娘在总结自己没有男朋友的原因，其中有一条是自己不会考虑男人的“自尊心”。关于这条，她举了一个与红包有关的例子。她和一个男生关系还不错，有成为男女朋友的可能，此为背景。有一天，她在朋友圈里发了一条自己生日的消息。这个男生在她发完这条朋友圈没几分钟之后，就给她发了一个红包，祝她生日快乐。

我看到这里觉得，哇，这个男生挺有心的，肯定是对这个姑娘有好感的。如果我是那个姑娘，即使当时没什么感觉，心里也会对他加分的，之后再慢慢考察。结果这个姑娘对那个男生说，谢谢你，心意我领了，红包不用了，之后就没有后来了。

其实我在看到这个姑娘拒收红包时，还挺诧异的。为什么不收红包呢，还是生日红包。如果是我，我就会收下这个红包。男女刚认识没多久，肯定是在相互了解、相互试探的阶段，如果慢慢地，我觉得这个男生不错，对他有好感的话，就会散发出去约会的信号，然后找个机会还了这份人情。如果接触下来实在是没感觉，也会找个理由，再加些钱，发红包还回去。

这个姑娘的故事，让我想到我的家人。第一个想起的就是我叔叔，我一个在外地的姑姑有时候会给他带双皮鞋，或者其他的什么礼品，他总是一副拒绝的面孔。实在拗不过，叔叔他收下，却不见他穿，就这么放着。等到我那个姑姑回来过年，叔叔就会把钱给她，之后才会看到叔叔穿那双皮鞋。我妈其实也是这样的人，有时候我给她买东西，她会默默把钱给我，我当然拒绝了，然后她会硬塞给我，我拗不过就只能收下了。这听起来好像问题不大，但问题在于，有时候我们闹不愉快的时候，我妈就会提起这件事情，会说反正我没欠你什么之类的话。这在我这个女儿听起来感觉很复杂，说不清是伤心还是生气。

这几个例子好像是在说不同的事，但是我们仔细去体会里面的情感，其实都是一样的。那就是他们都用自己的行动在表明，我没办法容忍亏欠你。区别是有的人直接拒绝了，有的人用钱还回去了。

我们来试着分析一下这些行为中包含着怎样的心理过程。首先，这肯定是一种直接的拒绝，红包、鞋子、礼品其实都是物品，好像拒绝了也没什么大不了的。只是他们不仅在拒绝眼前的这些礼物，更是在拒绝这些物品背后包含的情感。而那些迫于压力收下的，他们也总是会把物品兑换成自己心中的那个数字，之后把数字换成钱，还给对方。好像是在说“我和你只是金钱的往来，不涉及情感”。他们好像很怕和别人建立情感上的联结，或者对他们来说，情感是个危险的东西，所以他们闭口不谈情感，只谈钱。钱这个时候好像变成了一个可以完全隔离情感，帮助他们远离危险的一个保护伞。

而开头姑娘的拒绝，在自我概念上有种“我不值得你为我这样做”，或是“因为我没有能力还你，所以我选择不收”的感觉。她不能容忍亏欠他人，会让人感觉被拒绝，推远了与他人之间的距离。

如果你也觉得自己不能容忍亏欠他人，那么你需要想想，到底是因为在情感关系上，你不愿意和其他人建立长久的关系，还是你觉得自己不值得他人为你付出，或者因为你没有能力还别人，所以你选择不收？这样的思考对你了解自己也是很有帮助的。

而我想提醒你的是，我们想要与他人建立长久的关系，必定会有来往，一来一往虽然会亏欠，但这回你欠我一点，下回我欠你一点，这样的来往才长久。所以，如果不能容忍亏欠，很大程度上会限制我们与他人的关系，推远那些我们想要与之建立联结的人。

如何处理好和自己的关系?

没写不知道，一写才发现处理好和自己的关系真的不容易。写了修，修了写，终于写成了这一篇，以图表的形式展开论述。主体思想见下面这张图。

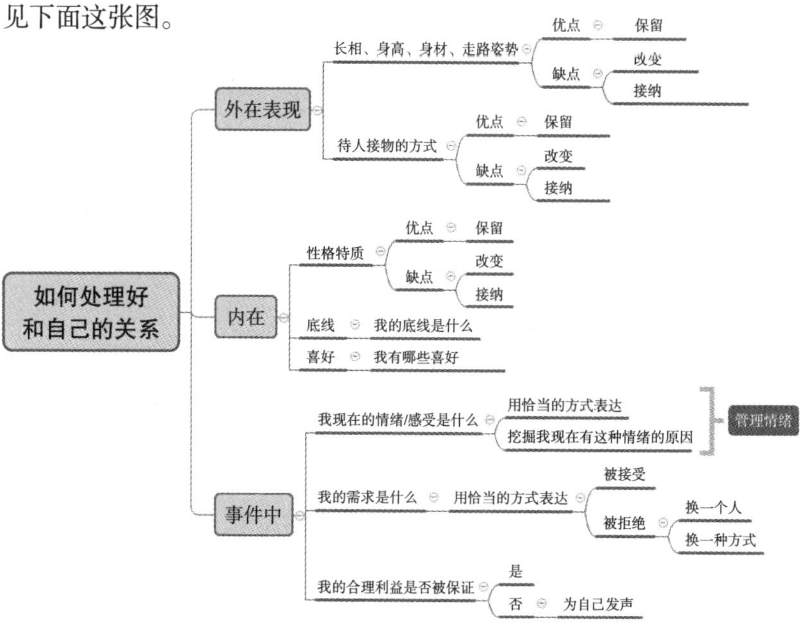

研究自己和自己的关系，是把自己作为分析对象的研究。处理好和自己的关系的关键在于先要认识自己，在对自己有一定认识的情况下，客观地看待自己的优缺点，并选择合适的处理方法。接纳还是改变，这是个问题。下面以我的例子给大家做参考。

我以前在遇到事情的时候，常常会感到心中有一种莫名的焦虑感，那种焦虑感太大，压得我喘不过气来。每当我想去解决事情的时候，那种焦虑感就会冒出来，它一直在压迫我，知道我害怕失败，知道我的每一根软肋，使我无力反击。这种焦虑感迫使我一次次地逃避和放弃，可是每当我放弃的时候，那种深深的无力感和挫败感就会又加深一层，摧毁我的自信。

这种逃避的态度不仅发生在我遇到事情的时候，也发生在我和我自己的相处上，我和我的思想感受是分离的。什么叫作与思想感受分离呢？举个例子，我身高有170厘米，但是我意识不到我有这么高。直到上大学后，我常常和一个148厘米的好友吃饭逛街，才发现自己一直是俯视她的，那个时候我才意识到，在女生中我个子算高的。

之后忘了在哪本书上看到的，了解自己首先要了解自己的情绪，了解情绪首先要觉察自己的情绪。此后我走上自我觉察之路，以第三人的角度来观察自己的情绪和感受。一般的方法是经常性地提问自己，我现在有什么情绪和感受，为什么会有这种情绪和感受（深挖情绪的根源）。不断地去训练自己觉察自己情绪和感受的能力，当训练到你觉得可以很轻易地说出自己的情绪和感受，并且知晓原因的时候，就代表你觉察自己的能力获得了提高。

下一步可以去做管理情绪的练习，在我做到这一步的时候，会发现自己在遇到大的情绪起伏的时候，心里会有两个小人在打架。一个在说我现在就要这样做，另一个说不行，我现在不能这样做，那个时刻，我意识到自己不再是被情绪主宰的奴隶了，我可以管理自己的情绪了。不断觉察自己情绪的另一个好处是我们会更了解自己，知道自己在乎什么，不在乎什么，需要做些什么让自我的感觉更好一点。

举个例子，有天我买了个菠萝，让老板削了皮，削完皮后我发现菠萝整个都黑了。我没说什么就提着菠萝走了，回到家之后，发现自己很不高兴。至于不高兴的原因，想来想去终于想出来了，我在生自己的气，气自己当时为什么没有问问老板可不可以换一个菠萝。如果我当时问了这句话，那么即使没有换成，我也不会对自己生气，因为我已经争取了自己的正当利益，做了努力。通过这个事情，我发现自己对正当利益也很看重，后来我再遇到此类事情，比如说有人插队，或者对找的零钱有疑惑，我都会发声。虽然有的时候在一些不发声的人中显得“斤斤计较”，但是不可否认的是，那种对自己感觉糟糕的感受再也没有了。

和觉察情绪相并列的是表达情绪，用恰当的方式表达。表达情绪特别是表达负面情绪是一种很重要的能力，它是一种向外表达自己的重要方式。别人会更了解你是谁，你的喜好是什么，你的需求是什么，你的底线是什么，从而更容易和你建立一种真实友好的关系。我之前大学宿舍有个女孩子的口头禅就是我不高兴怎么怎么样，我当时很诧异，为什么她能如此直接地表达出自己的不愿意和不喜欢呢，她就不怕别人会因此不喜欢她吗？但事实证明，她的人际关系明显要好于我——一个不会表达负面情绪的人。

通过学习处理好和自己的关系、觉察和表达情绪，到了现在，你们以为我成了温柔体贴、人见人爱的姑娘了吗？不是，我一点都不温柔，只不过我的情绪稳定性变高了很多，从一个很不好相处的人变成了一个不太好相处的人（哈哈）。而且我很清楚地知道，我的某些特质永远不会变，我还是我，只是在不断成长。

在这里我想说的是，不管是受先天父母家庭的影响还是后天环境的影响，你身上总有一些你不喜欢的部分或者你觉得不符合社会期待的部分。如果你去否认这些部分，也是在否认自己，那种感觉会很糟糕，一个否认自己或者厌恶自己的人是无法产生真正的自信和自爱的。

如果我们在成长到和过去有一些差别的时候，可能会发生一种状况，厌恶和否定自己的过去。但你要知道，如果没有从前的你，现在的你就无法被建筑起来，过去的你一直会是你生命过程中的一部分。只有充分接纳自己的过去，你才会成长得更快。

我们要去接纳自己的不完美，要学会找到一种方式和那些你不喜欢的特质以及并不完美的过去相处。当然，并不是想说我们就不能成长不能改变，而是要去树立一个意识，把我们身上所有的特质做一个划分。正面的部分当然是要保留下来。至于负面的部分或者你不喜欢的部分，我们要去再做一个划分，不影响正常生活工作的可以继续保留，如果影响到我们生活工作的，比如严重的社恐，就需要想办法解决。当然，我一直有一个愿景，就是希望以后的社会宽容度能越来越高，这样更多的人可以以本来的面目生活在这个世界上，不用这么迫切地改变自己以适应社会。

最后我想摘抄一条朋友圈里的话来结束这篇。

“我……不是不喜欢你，只是因为我想更好地生活在这个世界上，所以不得不去改变你的一些细枝末节，我跟你保证，我的本心从未改变，而且我会为你增添一些很棒的东西。你听到了吗，以前的自己。”

如何更好地建立关系和面对关系中的挫折?

有人私信我，问我是怎么在维持正常生活的情况下，经受建立关系过程中的打击而自愈的。这个问题其实包含了两个方面，第一个是如何建立关系，第二个是如何面对建立关系之后的挫折，以建立长期关系。不得不说，这两个问题也是之前困扰我很久的问题，现在分享下我的经验。

首先得介绍一下我生活中很重要的朋友，燕子。因为信任感的问题，我对于建立长期关系一直有困难，简单来说，我不知道怎么交朋友。建立关系需要关系中双方的努力，虽然作为一方的我不知道怎么建立关系，但是作为另一方的燕子是一个很好的人，一个很善于建立关系的人。遇到燕子是我的幸运，她不是心理咨询师，却是我的心理咨询师，和燕子关系的建立，让我成长了很多。

燕子和我建立关系的过程，相信对大家会有一些参考意义。我和燕子一开始是同事关系，她一直都会带零食给我吃，我又特别嘴馋，就和她熟悉起来了。之后，燕子一直约我出去玩、逛街什么的，我大部分时候是拒绝的，偶尔会应约，那个时候才真正熟悉起来。后来我们的友谊一直维持到现在，已经有七八年的时间了。我能和燕子建立这么长期的关系，主要有以下几点原因：

1. 她不断地主动对我发出友善的信号，一直约我出去，不管我拒绝多少次。其实我在那个时候是不愿意把他人带到自己生活中的，我喜欢活在自己的世界里。所以燕子约我一次，我拒绝一次，她下次继续约，直到我没有借口拒绝，只能应约。

2. 无条件地接纳。我和燕子熟悉后，后期跟她一起逛街、一起做什么事情时，也会表达自己的一些观点。我那个时候对表达出真实的自己还是有所忐忑的，我害怕别人觉得我的想法奇怪、观点奇怪，害怕说出来别人不接受。我在诉说观点时，都在小心翼翼地观察她的反应。如果她当时有一点点让我觉得不舒服、不安全，我肯定不会再跟她表达我的观点了。但是她从来没有轻视过我，或者让我感受到任何的敌意，只是一直笑笑的，所以我在她面前越来越能表达出真实的自己。

3. 积极地鼓励。她一直在鼓励我，不断地夸我，说我长得美，有魅力，虽然我有时候也知道她在敷衍我（哈哈）。

4. 很好的倾听者。在我和她的关系还没有很亲密的时候，我就把自己的事情都跟她说了一些，她总是默默地听我说完，不评判、不指责，然后帮我出主意。

5. 稳定的情绪。这必须讲到，我本身有些情绪化，如果她惹我不高兴或者我感受到她对我的忽略（日常交往中正常的摩擦），我可能就不理她了，和她冷战。她也不跟我生气，等我狗脾气下来了，我去找她，她还是会像以前那样待我。

而现在我特别高兴的一点是，我和她终于开始平等起来了，我不再是那个一直依靠她包容、依靠她给我意见、依靠她支持我的孱弱的小女孩了。那个不管内心还是人格力量都很弱的蜷缩在角落里的小女孩终于长大了，有力量和她比肩站立了。

以上五条，部分回答了篇首的两个方面的问题，即如何建立关系和如何面对建立关系中的挫折，燕子都做了很好的示范。对于很多不信任他人的人来说，建立关系是很困难的，这段困难的路如果有人带着走一段，他们会轻松一些。能够带领他们走一段路的人，可以是心理咨询师，也可以是他们亲密的朋友或者恋人。而有些时候，出于对家人、朋友、恋人的关爱，或是出于工作的需要，我们也需要和这类人建立关系。如果你本身是一个建立关系困难的人，要相信，没有朋友并不可耻，但是你得知道问题出在哪里，然后去解决。

以下是建立长期关系的几个注意点：

（一）学会求助和帮助别人。我以前总是觉得，麻烦别人是件不好的事情，一直有个观念在我脑子里盘旋，就是你最好不要麻烦我，我也不会麻烦你。但是这种观念无形中剥夺了我和很多人建立关系的机会。后来想通了，向别人求助和帮助别人的过程实质上是一种建立关系、加深关系的过程（前提是这个帮助是简单的、力所能及的）。而且它在传达出一种信息，即我需要你，同时被需要的人也会有一种价值感和被信任感，是双赢的。

（二）别人主动表达善意的时候，一定要提醒自己去回馈，哪怕是一个微笑、一句谢谢。回馈的意义在于，它是一种奖励，奖励善意会让善意释放得更多，同时也在展示你是个心怀善意的人。

（三）建立关系特别困难的人，可以给自己定一个每日目标，比如一天在现实环境中和多少人说了多少句话，在社交软件上和多少人聊天，给多少人点赞。

（四）提高正确表达情感和情绪的能力，特别是负面情绪。

（五）为什么我们一直在强调建立关系的重要性，那是因为人不能脱离社会关系生活。良好的社会关系，会让你的幸福感更强。在面对压力等负面事件时，良好的社会关系提供的支持也让你更好地缓解压力。

（六）一般建立关系有困难的人群，排除器质性原因，大多本质在于不信任别人。因为觉得危险，所以对人际关系中的挫折或者负性事件忍耐度极低，这就造就了困难。所以当你发觉自己确实很难跟别人建立关系，或者关系都不长久的话，就需要往这个方面去考虑。要开始思考一个问题，是我生命中的哪些挫折让我觉得别人不可信，这种情况是什么时候开始的。

挫折的部分分为两个方面：自己给自己的挫折和环境或者他人给的挫折。

1. 自己给自己的挫折。听起来是不是很奇怪，但是这在一些人的生活中是经常发生的事情。有些人过于敏感，别人随意看了他一眼或者说了一句什么话，他都会有受伤的感觉，他会把别人的无意行为当成别人对他的攻击或者敌意，事实上人家没有想那么多。在这种主观想法的带领下，他自然会破坏自己与他人建立关系的机会，可以这么说，他一直在挫败自己、孤立自己。对于自己给自己的挫折，只能从自己入手，需要不断地脱敏、提高自尊和培养信任别人的能力。

2. 环境或者他人给的挫折。每个人都会有自己的工作、家庭还有其他的事情需要忙碌，自然不可能一直围着你转，时刻照顾到你的感受，那么偶尔忽略你也是很正常的。重要的是，你是怎么看待这样的忽略的，如果觉得别人是故意的，说明你对别人的信任还有提高的空间。当然如果你想和别人建立关系，但是这个人给你的反馈（除去人际敏感的部分）让你感觉到不尊重，那么或许这个人确实不够友善，可以换一个人试试。

为什么我们很难改变?

很多时候我们都会提醒自己要改变，特别是遇到沟通有障碍，或者出现争吵、误解的时候。可是大多数情况下，我们还是重复以前的行为模式。为什么我们难以改变呢，卡瓦纳认为，人们抗拒改变的主要原因：一是成长必然带来某种痛苦，二是行为失调是机能性的。

❧ 成长的痛苦

每个人都有想要改善人际关系的决心，只不过大多数人一开始会认为改善人际关系的重点是如何让对方改变，如何让对方适应自己。后来他们就会发现，改变别人的目标难以实现，或者说如果想要改变别人，也得先改变自己。他们渐渐知道，改善人际关系的核心在于自己，可是改变自己真的很难。因为在消除旧有的行为习惯、建立新的行为习惯时总是伴随着痛苦，不仅需要付出时间和精力，也需要和自己原有的习惯做抗争，没有任何魔法能使我们毫不费力地发生奇迹般的变化。我们大多数人由于对成长所带来的痛苦没有心理准备，往往容易抗拒改变。

开始建立新行为、新观念、新思维时，我们可能会遇到问题。在习得改变的过程中，个体需重新考察自己的基本信念和价值观。需要认识到自己人际关系的问题源于信念与价值观的偏差。另外，改变一个人多年形成的信念与价值观及思维、行为习惯也很不容易，需要个体付出极大的努力。这需要深刻地反省，瓦解自己过去相信的、习惯的某些东西，过程是痛苦的，而建立新的信念和价值观、新的思维和行为习惯也是很艰难的过程。

比如，一些人经常在与人交流过程中，抱怨自己的父母、朋友或者伴侣让他们做这做那。听起来他们在诉说因为别人的干涉，自己在生活中缺乏自由和自主性，但是后来我们可能会发现，这些人很依赖家人和其他人，总是寻求他人对自己的承认和接纳、建议和忠告。这些人一旦发现自己说的和行为的矛盾之处，察觉到问题所在，会非常想改变自己，但当脱离他人，自己独立向前迈步时，又必然会感到非常紧张和焦虑。

此外，一个人想要改变，可能必须停止那些他很喜欢的行为，如怜悯自己、操纵他人、退缩行为等。这些旧有行为是日积月累养成的，而且可能曾给他们带来过满足，改变这些行为所带来的痛苦常使个体为之却步。

比如，某些人在与人沟通交流的过程中，把自己的行为与情感过分夸大，以博得他人的好感或同情。他们自称很勇敢，而实际情况并非如此；他们自称与他人有良好的关系，其实不然；他们说自己有多么高兴和幸福，但事实上是一种过分的渲染。当然，他们也可能夸大自己的痛苦，言过其实地诉说不幸、抑郁和无望。要使他们不再“演戏”，改变这种引人注意的行为方式，也是很困难的事情。

即使是心理上最坚强的人，改变旧有行为，建立新行为的过程也会给他带来心理上的冲突和焦虑。而对于某些本来心理就不易平衡的人来说，这一过程的痛苦程度可能更为严重。尽管如此，要实现改善人际关系的目的，我们向前迈进的步伐绝不能停止，不然依旧会重复过去的人际关系。

❧ 功能性的行为失调

“功能性的行为失调”是指失调的行为最初是偶然发生的，因行为使人某方面的需要得到了满足，发生的次数增加，以致固定下来。个体一方面为失调的行为感到焦虑，另一方面改变的积极性却不高。这种情况对个体改变的阻碍极大，除非个体相信，改变失调的行为可以使焦虑降低，同时会改善自己的人际关系。

比如，一个孩子平时得不到父母的关心，某次生病，父母变得很关心体贴。病好之后，父母又恢复了原本不关心他的样子，这使孩子很伤心。后来又有一两次生病，父母又开始重新关心他了。久而久之，孩子会无意识地使自己生病，以获得父母的关心。和父母的“沟通方式”就这样被养成了，孩子虽然可能获得了他想要的关心，但是是以生病为代价的。当孩子发现这样生病会影响到自己的生活或者学习之后，可能试图改变，可是又会抗拒改变。因为这样的改变可能会使自己唯一能感受到父母关心的机会也没有了。

成长必然伴随着痛苦，但这样的痛苦是一时的；如果不成长，你所遭受的痛苦会是一直持续的。在自我成长的路途中，你不仅需要深刻反省旧有行为模式给自己造成的困扰，更需要以积极关注的态度相信自己能够改变不合适的旧行为模式，努力挖掘自己身上的长处和资源，获得新的行为模式。我知道你可以的。

图书在版编目（CIP）数据

为什么我们很难改变：恰到好处的沟通方式 / 不如扭扭著. —北京：中国法制出版社，2020.9

ISBN 978-7-5216-1176-2

Ⅰ. ①为…　Ⅱ. ①不…　Ⅲ. ①心理交往–通俗读物
Ⅳ. ①C912.11-49

中国版本图书馆CIP数据核字（2020）第116828号

策划编辑：冯　运（654093944@qq.com）
责任编辑：杨　智　冯　运　　　封面设计：汪要军

为什么我们很难改变：恰到好处的沟通方式

WEISHENME WOMEN HEN NAN GAIBIAN：QIADAO-HAOCHU DE GOUTONG FANGSHI

著者 / 不如扭扭

经销 / 新华书店

印刷 / 北京海纳百川印刷有限公司

开本 / 710毫米×1000毫米　16开　　　印张 / 12.75　字数 / 142千

版次 / 2020年9月第1版　　　2020年9月第1次印刷

中国法制出版社出版

书号ISBN 978-7-5216-1176-2　　　定价：39.80元

北京西单横二条2号　邮政编码100031　　　传真：010-66031119

网址：http://www.zgfzs.com　　　**编辑部电话：010-66034985**

市场营销部电话：010-66033393　　　**邮购部电话：010-66033288**

（如有印装质量问题，请与本社印务部联系调换。电话：010–66032926）